电商
销售数据预测与分析实战

何嘉冰◎著

中国铁道出版社有限公司
CHINA RAILWAY PUBLISHING HOUSE CO., LTD.

北 京

图书在版编目（CIP）数据

电商销售数据预测与分析实战／何嘉冰著. -- 北京：中国铁道出版社有限公司，2025. 3. -- ISBN 978-7-113-31700-3

Ⅰ. F713.365.2

中国国家版本馆 CIP 数据核字第 2024LQ8726 号

书　　名：电商销售数据预测与分析实战
DIANSHANG XIAOSHOU SHUJU YUCE YU FENXI SHIZHAN

作　　者：何嘉冰

责任编辑：王　宏　　编辑部电话：（010）51873022　　电子邮箱：505733396@qq.com
装帧设计：宿　萌
责任校对：苗　丹
责任印制：赵星辰

出版发行：中国铁道出版社有限公司（100054，北京市西城区右安门西街 8 号）
网　　址：https://www.tdpress.com
印　　刷：河北宝昌佳彩印刷有限公司
版　　次：2025 年 3 月第 1 版　2025 年 3 月第 1 次印刷
开　　本：710 mm×1 000 mm　1/16　印张：11　字数：235 千
书　　号：ISBN 978-7-113-31700-3
定　　价：69.80 元

版权所有　侵权必究

凡购买铁道版图书，如有印制质量问题，请与本社读者服务部联系调换。电话：（010）51873174
打击盗版举报电话：（010）63549461

前言

作为一名曾在跨境电商企业担任数据分析师的专业人士,我深知预测在供应链中的重要性。在缺乏专业数据分析师进行预测的情况下,运营人员通常需要花上整整一天的时间来填写每个SKU(最小存货单位)未来几个月的销量,而计划部则会根据这些预测结果制订补货计划,维持供应链的运行。尽管运营人员对产品属性和市场有一定的了解,根据工作经验对产品的销量预测较为准确,但仍然会面临一些问题,例如预测困难、新运营人员经验不足、预测所需时间过长,以及缺乏数据分析知识、仅依靠个人经验等。另外,由于计划部缺乏对产品属性和运营方法的了解,只能依赖运营人员的预测结果,从职能上来说存在一定的不足。

预测量过多会造成库存积压,增加不必要的库存和储存成本;而预测量过少则可能导致断货,影响销量和网络排名,有时为了及时补货不得不更换为较昂贵的物流,从而导致利润降低。因此,我们应该将数据分析知识与计划部和运营部的经验相结合,系统地进行销量预测,以达到理想效果。

本书的主要目的是为那些缺乏数据分析知识或者不太理解产品业务的预测人员提供系统的预测方法。书中包括十种预测模型、三种产品趋势、四种生命周期、三种预测工具的使用,并提供了大量实战案例解析(包括操作过程和源代码)。

通过学习本书,您将从一名预测新手逐渐成为专业的预测人才。书中这些内容都是我在搭建预测系统的过程中,通过多次尝试并根据百万级数据获得的经验。

写作缘起

某一天,一个突如其来的想法在我脑海中浮现——如果将我所了解的各种预测方法、思路和实际操作步骤整理成一本书,向想要预测的人提供预测方法的指导,普及预测知识,帮助他们解决预测中的问题,那该是多么有价值的一件事。

在我负责预测项目时,曾自学了许多预测方法,深知预测时需要考虑到的各种问题。例如,历史数据需要多长的时间周期?新产品如何做预测?哪种模型预测最准确？哪种工具预测效果更好？预测的工作究竟属于计划部还是运营部？如何快速批量预测上千个 SKU？这些问题在本书中能找到答案。

主要内容

本书的内容可以从"道、法、术、器"四个方面来总结。

道：从本质层面看问题，预测的根本、什么是预测、我们为什么要预测等问题在第 1 章"预测的魅力"中会有讲解。

法：在做预测之前，我们要做好哪些准备？有哪些准则？在第 2 章"预测前必须要纠正的错误观念"和第 3 章"预测前必须思考的问题"中会给大家解答心中的疑虑并普及预测知识。

术：根据产品性质选择合适的预测方法。第 4 章"从销量趋势看预测"，主要讲解了十种预测方法的原理和优劣势，分别匹配平稳性、趋势性和季节性的产品，帮助大家提升对预测模型的认知，选择合适的模型进行产品预测。

器：针对不会代码或者工作中只预测少量数据的运营人员、计划人员，或者懂代码但需要批量预测海量数据的数据分析师，在第 5 章"从数据量看预测"中分别采用了 Excel、SPSS、Python 三大预测工具，并结合实战案例说明其应用，带领读者体验从认识到进阶再到实践的全过程，其中包含了 Excel 函数、SPSS 软件操作步骤、Python 源代码、数据源的截图等，帮助读者实际操作预测模型和分析数据，提高预测的效率和准确性。

主要特点

内容丰富：本书涵盖了十种预测方法，从基础的数据运算到复杂的预测模型，一应俱全，可以节省大家在网上查找资料的时间。

方法专业：在讲解每一种预测方法时，我查阅了大量的学术资料，以确保内容科学专业，并以通俗易懂的语言解释各种预测模型，让大家能够更好地理解并掌握预测方法。

实战性强：本书所介绍的预测方法并非纸上谈兵，而是我在实际工作中经过大量数据测试和验证的方法。凭借这些方法，我开发了一套跨境电商预测系统，并已成功申请相关技术专利，这套系统将预测准确率提高了 20% 以上。

读者对象

数据分析师：在工作中需要进行销量、销售额等数据的预测，需要更全面、专业的预测知识和方法。

电商计划员：需要使用专业的预测模型来维持供应链的运行，做好库存管理等计划工作。

电商运营员：需要每天花费大量时间对多个SKU进行预测，但只会用Excel等工具进行简单的预测操作，不懂得更多专业预测方法的人员。

最后需要强调的是，每个企业的预测需求和方法可能有所不同，因此，大家需要根据自身的业务需求和实践经验，不断尝试和总结，以提高预测的准确率和工作效率。

希望本书能够为大家提供一份科学、系统而全面的学习资料，帮助企业做好补货计划，帮助个人提高预测技能和工作效率。

著　者
2024年7月

目录

第1章 预测的魅力　1

1.1 什么是预测 1
1.2 为什么要进行预测 2
1.3 预测的作用 3

第2章 预测前必须要纠正的错误观念　7

2.1 需要找一个最准的预测模型吗 7
  2.1.1 世界上有没有最准的预测模型 7
  2.1.2 如何找合适的预测模型 8
  2.1.3 预测不能全依靠模型 9
2.2 所有产品能用一个模型预测吗 9
2.3 预测应该由销售部或计划部决定吗 13
  2.3.1 一般公司的销量预测流程 13
  2.3.2 独立部门做销量预测的弊端 14
  2.3.3 正确的销量预测流程 15
2.4 预测一次，就无后顾之忧了吗 15
  2.4.1 为什么不能只预测一次 15
  2.4.2 造成预测结果偏移的因素 16
  2.4.3 如何确定预测频率 16

第3章 预测前必须思考的问题　18

3.1 如何选择数据的颗粒度 18
  3.1.1 时间维度 18
  3.1.2 组织维度 19
  3.1.3 产品维度 20

I

3.2 历史数据量的考量 21
3.2.1 历史数据量多长合适 21
3.2.2 训练集、测试集、验证集的数据量多少合适 21
3.3 如何判断预测的准确率 23
3.3.1 平均绝对误差百分比 23
3.3.2 均方误差 24
3.3.3 交叉验证 25
3.3.4 R^2 26
3.4 什么样的产品适合做预测 27
3.4.1 四种销量趋势 27
3.4.2 产品生命周期 29

第4章 从销量趋势看预测 31

4.1 销量呈平稳性产品的预测 31
4.1.1 什么是销量呈平稳性产品 31
4.1.2 预测方法的选择 32
4.1.3 案例：居家类产品销量预测 39
4.2 销量呈趋势性产品的预测 43
4.2.1 什么是销量呈趋势性产品 43
4.2.2 预测方法的选择 45
4.2.3 案例：美妆类产品销量预测 59
4.3 销量呈季节性产品的预测 62
4.3.1 什么是销量呈季节性产品 62
4.3.2 预测方法的选择 62
4.3.3 案例：服装类产品销量预测 75
4.4 总结 76

第5章 从数据量看预测 79

5.1 数据量少，只会用Excel，怎么做预测 79
5.1.1 Excel预测工具的介绍 80

		5.1.2	Excel 预测的操作步骤	80
		5.1.3	案例：商场销售额预测	93
	5.2	数据量大，不会敲代码，有简单的预测工具吗		95
		5.2.1	SPSS 预测工具的介绍	96
		5.2.2	SPSS 预测的操作步骤	96
		5.2.3	案例：市场趋势预测	135
	5.3	大数据，需要灵活度高的预测工具		146
		5.3.1	Python 预测工具的介绍	146
		5.3.2	Python 预测的操作步骤	148
		5.3.3	案例：跨境电商销量批量预测	159
	5.4	总结		162

后 记　　164

第 1 章 预测的魅力

1.1 什么是预测

预测是指人们利用自己已有的经历或者别人类似的经历来预估未来即将要发生某件事情的概率。当过往发生的事情产生一定规律之后，预测则变得有迹可循。而正因为这些痕迹，我们可以利用更加科学的方法或者工具来进行准确的预测。

在生活中预测无处不在。比如，出门前如果乌云密布，通过以往的生活经验，我们预测即将会下雨，会带伞以防被雨淋湿。在电商行业，每次进货前都会根据历史销量数据来预判未来一段时间的销量，商家会根据这些预估销量来进行补货。除了根据历史的趋势做预测以外，还会根据产品的季节性做预测，所以一般对于季节性产品，商家也会在该季节来临之前充足备货以应对未来的需求。比如快到春节的时候，大部分人都会购买年货，那么年货的销量就会大增，这种就叫作季节性产品。

本书中所讲的所有销量预测方法都是时间序列的预测方法。什么是时间序列呢？时间序列是指将同一统计指标的数值按其发生的时间先后顺序排列而成的数列。时间序列预测主要是根据已有的历史数据对未来进行预测。比如：1～12月按照时间排序的历史销售数量，历史数据可以是年份、季度、月份或者其他任何的形式，但是时间序列的时间单位与时间间隔都要统一。比如不能记录成1月销量、2月1日销量、第三季度销量等形式，这些不同单位、不同时间间隔的销量放在一起不能称之为时间序列，而且这样记录对销量预测没有多大作用。正确的时间序列样式与不规范的时间序列样式，如图1.1所示。

时 间	销量（件）
1 月	7 889
2 月	6 467
3 月	6 342
4 月	6 566
5 月	8 096
6 月	7 654
7 月	7 124

正确的时间序列样式

时 间	销量（件）
1 月	7 889
2 月 1 日	159
第三季度	195 873
10 月	6 566
11 月 5 日	253
11 月 6 日	267
第 52 周	1 287

不规范的时间序列样式

图 1.1 时间序列的对比

1.2 为什么要进行预测

了解销量预测和时间序列之后，我们要知道为什么要做预测，同样以预测下雨为例。如果出门前看到乌云密布，预测将要下雨，那么我们就会带伞以防被雨淋湿。如果没有预测这一步，就不会想到要带伞，最终等到下雨了，我们很大可能被雨淋湿，甚至感冒，从而引发一系列的蝴蝶效应[1]。所以预测对于我们来说是有利的，能起到一个预防的作用。

回到电商行业也是一样，如果我们没有预测到春节装饰品会在春节来临前销量大增，结果会怎么样？若商家在春节前可以有 10 万件的销量，但是由于没有做预测，仓库只有 2 万件产品，结果会白白损失 8 万件订单，如果是大型企业则损失更多。这一点对于跨境电商而言极其重要，因为我们要把货提前发到海外仓[2]，一来是路途比较遥远，需要提早地做好预测；二来由于运费昂贵，一般产品都会选择较便宜的海运方式运输到海外仓。正常情况下，从中国海运到美国的时间大概是两个月，所以如果没有做好预测的话，可能会发生断货，要么需要等更长的时间补货，要么支付高昂的空运费用来补货，所以我们不仅要做预测，还要进行合理地预测，以避免发生断货的风险。

什么样的预测才算合理呢？后面的第 4 章、第 5 章会详细地告诉大家合理预

---

[1] 蝴蝶效应，指在一个动力系统中，初始条件下微小的变化能带动整个系统的长期的巨大的连锁反应。
[2] 海外仓，是指企业建立在海外的仓储设施。

测的十种方法、三大预测趋势和三种预测工具，这些工具和方法都是经过实战经验所得的。

有时候即便你做了预测也有考虑不周的时候。比如2023年春节的销量有10万单，但是2024年人们的消费欲望降低，同比2023年的整体销量趋势都有所下降，那么如果你还是按照10万单的销量做预测和备货，那最终结果肯定是导致库存积压。而春节装饰品属于一年只有一次高销量的季节性产品，卖不出去的货需要在仓库存放一年后才开始周转，国内仓库还可以退还给供应商，但如果是海外仓，仓储费用比较高，原路返回就需要支付一定的运费。而且2025年也不一定再流行这种装饰品，等同说除了支付库存的金额外，你还要支付一年的仓储费用来存放产品，再算上运费和沉没成本，这些都会给公司带来资金的风险，所以我们不仅仅要做预测，而且要采用更加系统、合理的方法做好预测。这样才可以提高公司的库存周转率，从而降低公司的资金风险。

预测除了能解决公司前端的问题外，后端同样也需要根据预测来驱动。一般供应链的驱动有两种，一种是订单驱动，指接收到订单后，安排生产和发货来驱动供应链；另一种是预测驱动，是根据对未来订单量的预测来驱动供应链的运营。

这里给大家普及下跨境电商的供应链运作流程。一般跨境电商供应链的运作过程如图1.2所示。没有预测，供应链无法运作，业务链也没有办法销售产品，所以这一环节的订单一定是上一环节的预测，需求的起点一定是预测。这里也证明了预测的重要性。

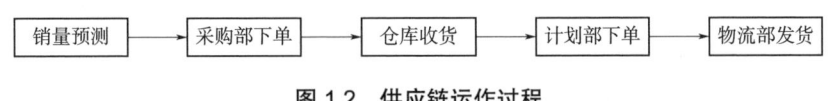

图1.2 供应链运作过程

1.3 预测的作用

《管子》里有这么一句话：不明于计数，而欲举大事，犹无舟楫而欲经于水险也。意思是指如果不清楚相关数据信息就想做大事，好似没有桨的船想要在汪洋大海中航行。因此，我们在做每一件事前都要做到心中有数，而这个数除了对历史情况的了解，还有对未来的预测。

1.2 节讲解了为什么要做预测，以及预测的必要性。下面将讲解预测对于企业的五个重要作用，如图 1.3 所示。

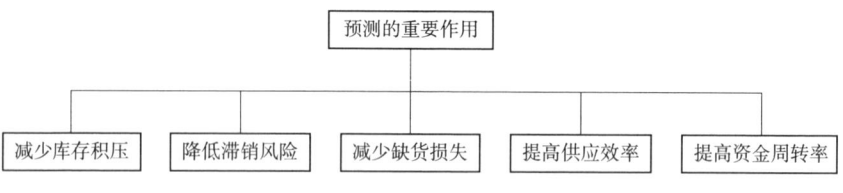

图 1.3　预测的需要作用

（1）减少库存积压

库存积压，指生产出来的产品超过正常的周转天数[①]。在仓库存放多少天算作积压呢？不同的行业或产品，其时间规定都不一样。例如服装行业，可能当季没有销售出去的服装就属于积压产品，保质期很短的食品没有立刻销售出去的也是积压产品。一般来讲，库存存放的时间越长，越不利于商品的销售，最后产品会贬值，所以我们要对产品进行合理的预估，避免预估过多，销售不出去导致库存积压。所以说合理的预测可以减少库存积压。

（2）降低滞销风险

除了库存积压的风险以外还有滞销的风险，在零售或者电商行业中，我们会担心进货太多或者市场问题造成产品滞销，导致库存太多，等同说购买产品的钱不能及时得到回流，时间越长，回流能力就会越弱（这里排除收藏古董类的商品），风险也越来越高。

那么，是什么原因造成的产品滞销呢？原因有很多，比如业务员的营销能力一般、产品质量有问题、市场预估错误和不可抗力因素等。前两个原因都比较好理解，此处重点讲一下后两个原因。市场预估错误的原因，比如你的产品占市场总量的 5%，这 5% 的市场占有量只能卖出 10 万单，但是你若预估成 20 万单的销量，剩余的 10 万单就是由于你对市场的错误预估导致的滞销。还有不可抗力因素，比如由于发生自然灾害导致很多人都不得不居家办公，很多公共场所也关门了。这时候人们对于户外的产品需求量减少，如果你的产品刚好是户外产品，那么库存很有可能成为滞销产品。所以说合理的预测可以降低滞销的风险。

---

① 周转天数，指企业从取得存货开始计算，直到消耗、销售为止所经历的天数。

冰云数据小贴士：

有些人很容易搞混库存积压和滞销的概念。积压和滞销的区别是：积压品更多的是库存天数超出正常天数。积压品不一定都是滞销的，但是滞销品肯定会造成库存积压。

（3）减少缺货损失

如果预测产品过少会怎么样呢？在第1.2节的案例中讲道，原本可以卖出10万单的销量，因为预测过少只能卖2万单。这对店铺来讲是一种损失，等于说本应该赚的钱却没赚到。还有一种原因是即将要投广告做活动的产品，但是由于没有合理地预估活动带来的销量，实际销量远远超过库存产品的数量，那么前期投放广告引来了一批客户，他们由于产品断货没有买到产品，有可能会购买功能性和价格差不多的竞品作为替代，这也是预测不合理导致缺货所带来的损失。

除了这些表面的损失之外，还会引发一些后续更多的损失。比如说在跨境电商中，如果产品经常缺货或者长时间是缺货的状态，对一个产品的主页来讲并不友好，因为平台数据都是实时更新的，你的页面一旦显示缺货，页面浏览量就会减少，从而导致产品的自然排名跟着下降，原有的坑位[①]被别的产品占领，后面就算补货，也需要支付一定的推广费，恢复产品排名。这背后的损失远远大于我们眼前所看到的。所以说合理的预测能减少缺货带来的损失。

（4）提升供应效率

一个好的公司，必须有一个高效的供应效率。怎么理解这个供应效率呢，它是指供应链的整体运作效率，分为人和产品两个效率。先说人的效率，通常在供不应求的情况下，预测下一季度有100万元的销量，如果是自研产品，我们需要购买同量的原材料回来加工成品售卖，如果是代理产品也需要从供应商下单，购买成品回来，这一系列的操作都是有一定的时间周期和人力成本的，如果这时候我们没有进行合理的预估，最终实际销量有200万元，出现供不应求的情况，那么需要再次找供应商下单或者买原材料回来加工，这中间需要花费不少的人力成本和时间成本。供应链的所有部门需要重复之前的操作，这样下来供应链的整体

---

① 坑位，是指跨境平台的产品排名展示位。一般排名靠前的，产品的展示位会靠前，别人更加容易看见，可提高下单率。

运作效率就会大大降低。

除了供不应求的情况会影响人的供应效率以外，供过于求则会影响产品的供应效率，一般衡量产品的供应效率会用到周转率这个指标。周转率是企业在一定时期内销售成本与平均存货余额的比率，它用于反映存货的周转速度，周转率高表示产品在仓库存放的时间短，出售快；周转率低代表积压库存或者滞销产品，出售时间慢。如果销量预测过多，导致产品库存积压，产品的周转率就会下降，这些产品会占用库存资源，产品从采购到进库再到销售的效率就会低下，所以说合理的预测能提升供应效率。

（5）提高资金周转率

一般零售或电商公司利用一部分的钱购买成品或者原材料，把产品售卖出去的钱再拿一部分继续购买成品或原材料，另一部分的钱可以发放工资或者有其他用途，形成良好的闭环，提高资金的周转。试想下，如果预测过多导致库存积压，产品不能及时出售，同时还会产生一笔仓储费用，这就意味着购买产品的钱不但不能回流，而且还会不断消耗公司的资金，这无形中就是一颗隐形炸弹，所以说合理的预测能提高资金周转率。

第 2 章 预测前必须要纠正的错误观念

2.1 需要找一个最准的预测模型吗

2.1.1 世界上有没有最准的预测模型

我曾在一家跨境电商公司担任数据分析师。入职的第一个工作内容就是做销量预测模型，目的是帮助公司提高预测准确率，同时优化公司的预测流程并确立计划部在预测上的主导权。

那时候我应该算是国内较早一批做跨境电商预测模型的。虽然网上的预测模型有很多，但实战案例却很少，而且跨境电商备货周期比较长，一般需要 3～7 个月，SKU 也比较多，需要做批量预测，所以网上的预测案例无法直接套用。幸运的是，当时公司给了我外出学习的机会，我拜访了行业较大的跨境电商公司，向他们学习，吸取经验。了解到他们的预测方法还没有深入研究到模型预测这一步，只是把预测销量的任务放到业务部的 KPI（关键绩效指标）中，如果业务部没有按时将他们预测销量的产品卖出，他们的考核就要被扣分。这个方法有好处也有坏处，好处是能给销售部压力，以防预测过多导致的库存积压。坏处则是某些销售人员为了达到 KPI 而减少预测量，宁愿断货或者销量不多也不愿过多预测，同时计划部没有主导权，数据分析不足，过度依赖业务部的判断，导致公司资源分配与权力分配不均衡。

考虑到公司以后的稳步发展，我们坚持尝试自己做模型预测，并在实战中取得了不错的成果，预测准确率提高了 20% 以上，预测流程得到优化，预测效率也得到了提高，同时奠定了计划部在预测中的重要性。

一些同行得知我是做电商销量预测的工作，所以当他们公司想尝试转型做模型预测的时候，都来问我类似的问题："你们公司是用什么模型预测的？什么模型预测是最准确的？"

我的回答是："我要给大家纠正这个错误的观念——预测就是要找一个最准的预测模型，这是个伪命题。"供应链管理专家刘宝红曾经说过这么一句话，"所有的预测都是错误的，但是我们预测总比不预测的要好。"既然是错的，我们还要预测吗？试想一下，如果我们不预测，整家公司将无法运作，我们预测的目的不是算得有多准，而是预防后续事情的发生。同样地，我们做预测模型目的不是要找一个最准的预测模型，世界上预测模型很多，但没有一个预测模型可以称霸说准确率是最高的。所以目前还有这种想法的小伙伴，请打消这个念头。本书的目的是给大家提供更多、更科学的预测方法，寻找更优的预测模型。

我之前还遇到过其他公司的领导，对我做的预测模型提出疑问："目前预测准确率已经最高了吗？有没有办法再提升，或者提高到80%～90%。"我笑了，这感觉就好像是一个管理者要求程序员从头到尾不能写出有bug（指代码运行报错）的代码一样。在外行人看来，这些错误是可以避免的，但是对于懂行的技术人员来说，这个要求是不切实际的。

那我们该如何看待这个准确率呢？如果准确率有70%，那么就有30%是错的。就算是神算子，也没办法做到100%准确。

目前，预测用得比较多的行业是量化金融，他们都不敢保证能预测达到100%正确。据我了解，他们除了日常的量化预测外，还要了解市场行业走向，两者相结合后再做判断。我们现在能做的就是在原有的预测基础上增加预测模型，提高预测效率及预测准确率。

2.1.2 如何找合适的预测模型

我公司用的预测模型会适合你们公司吗？这里请大家不要忽略一个重要的因素，所属行业不一样，即使行业是一样的，公司的产品也未必一样，不同产品的销量趋势也不一样；就算是类似的产品，产品的生命周期也不一样。现在你还会觉得适合我公司的模型就一定适合你们公司吗？在你不做任何尝试的情况下，答案都是错的，所以别想着做"伸手党"，自己动手尝试去做，才能找到较为合适的预测方法！我会在第5章通过实战案例手把手地教大家使用预测工具。试想一下，如果你的预测准确率提高10%，这一年将为公司提高多少利润？

2.1.3 预测不能全依靠模型

需要注意的是，我们不能完全依赖模型。在实际运用中，可以将模型预测作为基准，同时加上人为预测。比如电商行业，销售后期需要做活动、促销量，这时候一般的时间序列预测只能根据以往的数据趋势来做预测，但是销售做活动这个动作是不定时的，模型没有办法提前预判人类操作，所以模型预测的结果也要结合销售后期的动作来调整预测数量。这样，预测准确率才会提高。

我所指的预测准确率提高并不是说要达到90%以上，因为业务链与供应链影响的因素太多了。在跨境电商行业会遇到很多突发事件，比如店铺被封、竞品频繁活动、物流中途受阻、突增大量订单等，这些意料之外的事情我们无法预判。所以，如果你用了预测模型加人为判断后的准确率只能达到70%，那对于公司来讲，这个准确率也是比较高的。因为另外的30%你无法预测。因此不必太纠结预测准确率是否完美，预测本来就是不准确的，这是概率事件而不是准确事件。

2.2 所有产品能用一个模型预测吗

第2.1节中讲到，世上没有最准预测模型，同时也没有一个预测模型是万能的。因为无论是电商行业、零售行业，还是传统行业，都不会只销售一款产品。有的公司销售不同类别、属性的产品。比如华为既销售家电又销售数码产品，这两类的用户人群不一样，产品的生命周期也不一样，肯定不能用同一个模型预测销量。有的公司销售同一类别、属性的产品，比如格力的产品有空调、热水器、冰箱、生活电器等，这些都是属于电器产品，但冰箱、空调和热水器属于季节性产品，生活电器属于非季节性产品。这两种产品的销量趋势完全不同，所以预测模型也不一样；根据产品的上架时间又可分为新品、老品、清货三个阶段，每个阶段的销量趋势不同，预测模型也不一样。在这种情况下，如果用同一个模型进行销量预测，预测准确率会很低，而且预测结果也无实质性的参考意义。

所以，我们需要根据产品的销量趋势特征来选择合适的模型做预测，这样才能保证预测的准确率，预测的结果才有参考的价值。

例如，某家玩具公司，有水枪和积木这两款产品。虽然这两款产品都属于玩具类目，但是销量趋势却大不相同。水枪属于户外产品，它的高需求一般发生在夏天或者某些地区的泼水节节日，在冬季的需求量少，春季到夏季销量上涨，秋季到冬季销量下降。而积木属于非季节性产品，一般室内都可以玩，它的需求比较稳定，一年四季都会有销量，不会出现季节性的涨幅，年销量比较平稳，只有店铺参加促销活动时，会出现短时间的销量提高。这两款产品，积木属于平稳性趋势，水枪属于季节性趋势，如图2.1所示。

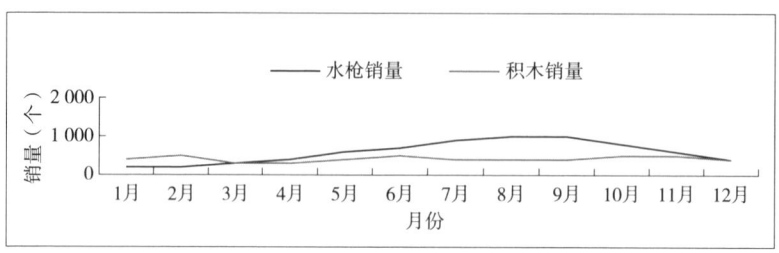

图2.1 销量趋势

不同的销量趋势需要用到不同的模型做预测。如果这两个产品都用同一种模型预测，结果会是怎么样呢？我们接着来看这个例子。

已知这两款产品的历史销量是2023年1月～2024年8月（图2.2），现在需要预测未来2024年9～11月的销量。这里我用季节性和非季节性的模型同时给这两款产品做预测，来看预测效果如何。

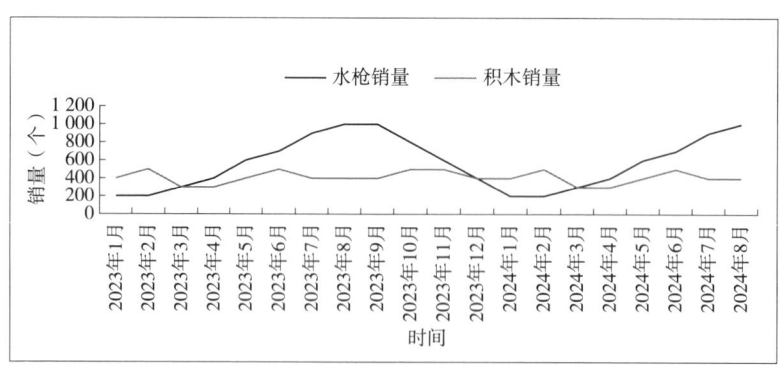

图2.2 历史销量

（1）用平稳趋势的模型做预测

按照2023年的销量趋势，9～11月份已经过了销售旺季，正是销量下降的时候，所以未来的销量是呈现下降的趋势，但用这款模型做预测结果却是销量平稳的，没有太大涨幅，如图2.3所示。中间的浅色实线是预测结果，预测结果上下两条虚线是置信区间，表示预测的范围（第4章实操中会介绍如何设置置信区间）。这时候我们按照这个预测数量进货，就会出现进出货不平衡，导致需求与供应不匹配，造成库存积压、增加仓储费等问题，产品有可能要存放到2025年才能卖出。

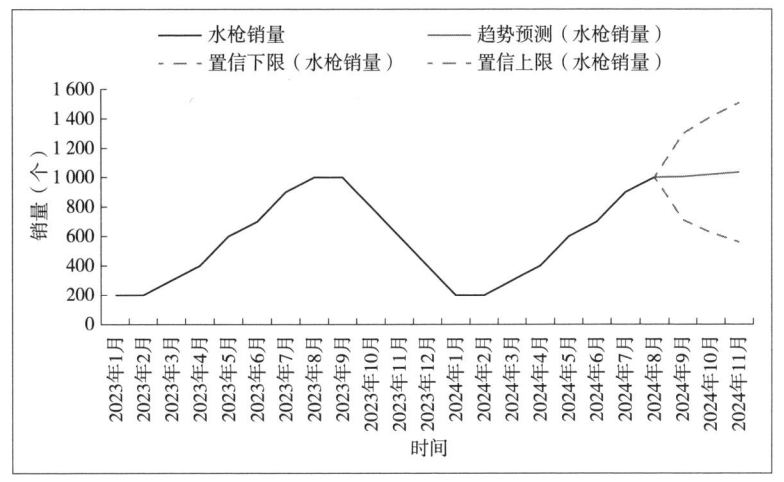

图2.3 用平稳趋势模型预测水枪销量

再来看积木，它的历史销量虽然有些小波动，但整体来看销量都属于平稳的，同样用这款模型预测2024年9～11月的销量，如图2.4所示。预测的部分在销量波动之间，没有相差太远，预测结果符合正常历史的趋势（这里先观察预测结果是否符合常理，关于模型的拟合程度和计算准确率的概念会在第3、4章介绍）。

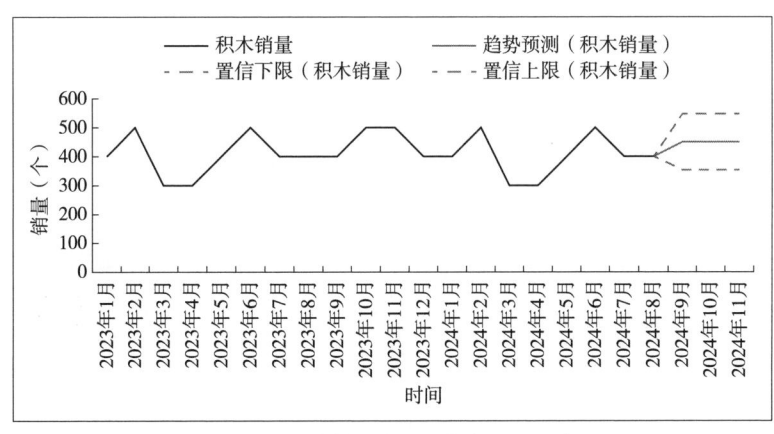

图2.4 用平稳趋势模型预测积木销量

（2）用季节性的模型做预测

在水枪销量预测中，季节性模型能够很好地识别出产品的特点，所以到2024年9～11月的时候，预测销量是呈下降趋势，如图2.5所示，符合日常逻辑。

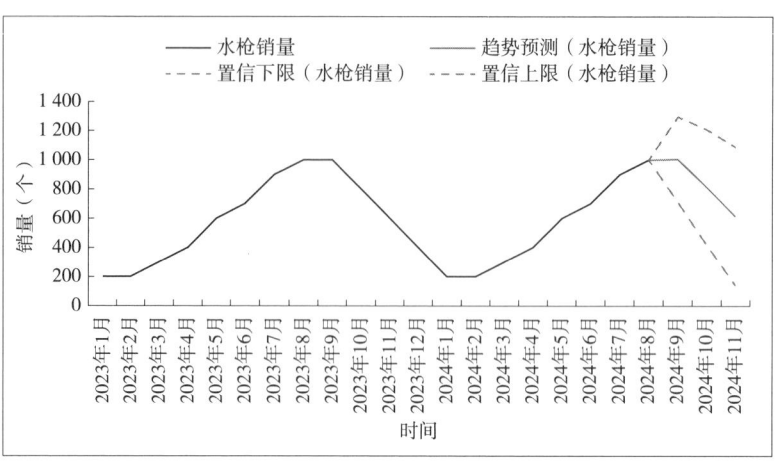

图2.5　用季节性模型预测水枪销量

而积木在历史上也有销售的小高峰，有可能是做营销活动引起的，但预测模型把历史的涨幅当作季节性的趋势做预测，所以2024年9～11月会有一个销量小高峰的趋势，如图2.6所示。

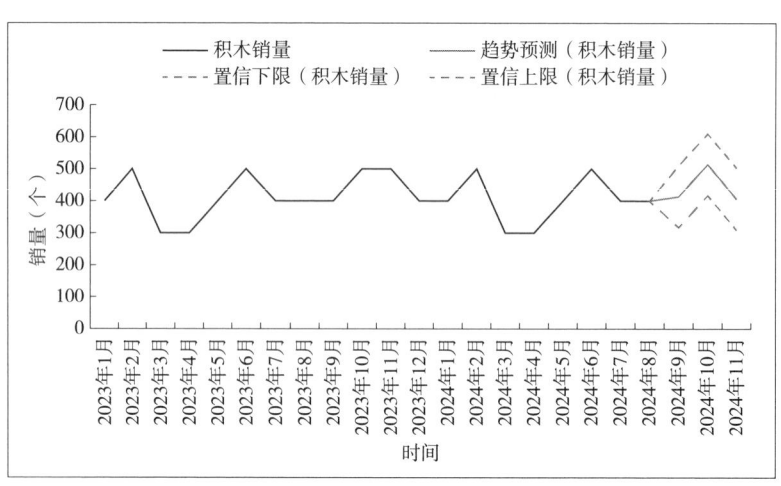

图2.6　用季节性模型预测积木销量

2.3 预测应该由销售部或计划部决定吗

2.3.1 一般公司的销量预测流程

即使是同行业的公司,每一家的预测模式也不一样。

据我了解,跨境电商的销量预测模式分为两种。第一种情况是之前所提到的由销售部做预测,同时把预测的准确率纳入销售部自身的绩效考核里,以防预测过多造成库存积压。有些公司虽然同样是由销售部做预测,但是他们更关注公司的销售业绩是否达标,所以对预测准确率没有过高的要求,而这时候计划部在公司里所承担的任务只是收到预估数量安排发货,和做库存预警,在销量预测中听从销售部的安排。

为什么公司会将销量预测的工作给到销售部呢?原因是销售部属于一线部门,每天都会看店铺数据,他们是最快获得产品销售情况的人,而且他们熟悉自己的产品及竞品数据,可以随时调整后续的营销策略,所以大部分公司会将销量预测的任务直接安排给销售部。

第二种情况是由计划部做销量预测,为什么要将销量预测交给计划部呢?因为销量预测是计划部的重要工作之一,计划部是连接前端和后端的主要桥梁,主要是核定公司生产产能,做到前后端平衡生产,同时与销售部制衡,维持供应链的正常运行。供应链包括品控部、物流部、仓储部、采购部。所以计划部是必须要做销量预测的。例如,某些公司会专门成立一个数据部门,里面包含计划部的工作内容。但是,这些后端部门不了解前端或者市场环境的情况,又或者因为数据分析不到位等原因,如果直接将他们的预测数据当作最终结果,只会使得预测准确率大打折扣。

产品的销量预测若一味地依赖销售部给出的预测数据,没有自己的思考与判断,计划员一味地根据预估数据安排发货,会给高额的海外仓费用埋下了伏笔。

站在销售部的立场,最不想看到的是断货。一是断货会影响他们的KPI;二是会降低销售页面的产品排名,后续要花更多的钱和时间通过做活动等方式把排名打上去;三是错失更多的销售机会。断货会面临漫长的补货周期,使销售人员心急如焚,所以销售部一般都会在他们认为正常的销售量上多增加预估数量,防止断货。当只有一款产品的时候，多预测一点可能还好，但是上千款产品都做过多预测的话，将占用公司大量资金。

2.3.2 独立部门做销量预测的弊端

我们公司是铺货[①]形式，SKU总共有三千多个，每个销售员负责一家店铺（本节的销售员是指电商公司的运营[②]人员，因为行业的不同，这里统一称呼为销售员），等同说每个销售员的手上至少有一千个SKU，而更新预测的时间则是1天。做过销售工作的都知道，销售员一天的工作量比较大。比如，更新搜索关键词、上架产品、优化listing[③]、制定营销策略等，有时周末在家还要远程加班，对于上千个SKU，销售员根本没有时间对单品进行精准预测，只能预估。若再遇上老员工离职，新员工经验不足、不熟悉公司的产品等情况，更没有办法很好地做预测，导致即使是同一家店铺的销量预测，准确率也会出现忽高忽低的情况。

如果想要所有SKU实现精准分析，那么做预测需要很长时间才能完成，这会影响到供应链的正常运行；如果预测时间不够，无法做到所有SKU实现精准预测，部门产品的销量预测就只能完成个大概。针对以上这些痛点，我们必须依赖数据分析来做好需求预测，提高预测准确率与工作效率。而计划部对公司最大的贡献是在预测上，但是由于计划部不具备专业的数据分析能力，很多都是传统行业的PMC[④]转岗来的，就会导致数据分析不足，基础预测不够扎实，同时他们不了解市场情况与未来的营销策略，所以单凭计划部做销量预测，结果不但没有说服力，准确率也相对较低。

例如，销量趋势平稳的产品，销售员会报名参加未来一周的活动促进销售，但销售部参加活动一般不会跟计划部报备，而且在产品太多的情况下，每个活动都要报备也不现实，一般公司都没有这个流程。那么计划部只会按照历史销量趋势做出预测，预测出来的结果也是和前几周差不多的销量，最后到销售部要做活

[①] 铺货是跨境电商的其中一种销售模式，就是直接将商品的信息，大量地复制上传到平台店铺中，随后并在亚马逊平台的店铺后台一键上架产品。

[②] 运营是指电商行业的平台销售岗位，一般也被叫做销售，主要负责上架产品、做营销活动、销售店铺产品等工作。

[③] listing即一个产品页面，一件商品一个页面。

[④] PMC即production material control的缩写。是指对生产计划与生产进度的控制，以及对物料的计划、跟踪、收发、存储、使用等各方面的监督与管理和呆滞料的预防处理工作。

动时出现短期销量上涨，仓库的产品不够导致断货，发生这样的情况不仅使利润减少，而且做活动投入的资金得不到收益最大化，ROI（投资回报率）降低，产生双重损失。

所以预测的权力交给其中任何一个部门独立完成都是不可取的，会导致预测的数据不客观。

2.3.3　正确的销量预测流程

销量预测工作交给哪个部门做才是正确的呢？我认为，应该是销售部和计划部共同参与，这个共同参与要有一个流程上的先后顺序。在我入职这家公司之后，经过一番模型测试与检验，找到了合适的预测模型，并重新制定了预测流程。先由计划部根据预测模型提供基础数据，然后销售部根据营销策略在基础数据上做一定修改（当然这里的修改并不是随意修改）。因为模型有一定的准确性，所以会给销售部留出一定的修改幅度，超过这个幅度需要说明原因，一是方便后续对预测结果的复盘，二是有了基础数据之后才有可能提高预测的效率及准确率。

这样每个部门各尽其职，数据分析结合前端的营销策略和市场情况，无论是预测效率还是准确率都将大大提高。

2.4　预测一次，就无后顾之忧了吗

2.4.1　为什么不能只预测一次

满足上面所说的所有条件后，选择符合销量趋势的预测模型，计划部和销售部共同参与预测，那么是不是完成一次预测之后，便无后顾之忧了呢？等到预测时间到期前一天再进行下一轮的预测？如果这样想就大错特错了。供应链管理专家刘宝红曾经说过："预测不是一锤子买卖，需要循环预测，逐渐逼近。"我们后续需要做循环预测，不断纠偏，这样才能应对未来销量趋势的变化。

在跨境电商行业中，因为运输时间比较长，所以一般需要预测未来 3～7 个月的销量。如果我们根据第一次预测的结果进行补货，等到 3～7 个月之后再进行第二轮的销量预测，这个时间间隔过长，若当中出现断货，便没有办法及时补货。虽然只做一次销量预测看起来成本费用相对来说比较节省，但其实不然，这可能造成公司收益减少，影响业务链和供应链的运作。

2.4.2 造成预测结果偏移的因素

什么原因会造成预测结果偏移呢？总的来讲，就是未来的销量趋势发生了变化。我将其归类为四大因素，如图 2.7 所示。第一是运营原因，如产品做活动，销售预测不准确；第二是供应链原因，如物流延迟，供应商延迟交货；第三是竞品原因，如竞品做活动；第四是社会环境原因，如节假日影响等。

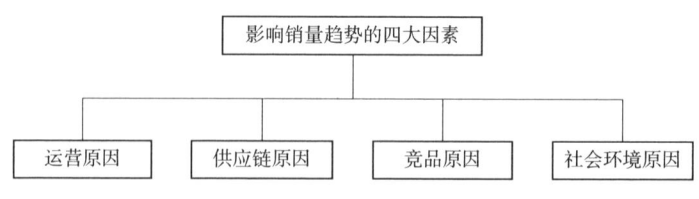

图 2.7　影响销量趋势的四大因素

一般来讲，预测的时间周期越长，准确率就越低。比如同样的历时两年的数据，需要分别预测未来 1 个月与未来 7 个月的销量，因为未来 1 个月的时间比较短，很多事情都是可控的，但是未来 7 个月的时间比较长，离原始数据比较远，变化因素大，很多事情变得不可控，预测的准确率往往偏低，所以不要等到 7 个月后再进行第二轮预测，而是要循环预测，及时纠正预测的偏差。

> **冰云数据小贴士：**
> 影响销量趋势的因素很多，你永远不知道下一秒将会发生什么。预测的时间周期越长，准确率就越低，所以我们要循环预测，尽快纠偏，从而提高预测的准确率。

2.4.3 如何确定预测频率

多长时间进行一次预测呢？如果每周预测，无疑是增加了两个部门的工作量，如果时间间隔得太长，则没办法及时纠偏，像上面的例子，需要预测未来 7 个月的销量，在月初预测了一次之后，需要在月中时再预测一次，然后再分析目前的一个变化趋势，根据历史的销量趋势重新匹配出合适的模型再做销量预测，及时纠正之前的预测偏差。这样一个月内需要做两次的销量预测，所需要的时间也就两天，对于业务与计划的工作量来说不会太大，同时还能注意到近期销量趋势发生的变化。

这里所说的一个月预测两次只是个人的经验参考，并不是规定一个月预测两次就能得到较高的预测准确率，所以预测的频率，主要还是看每家公司的部门流程及预测准确率来决定。总而言之，我们需要循环预测来提高整体的预测准确率。

第 3 章　预测前必须思考的问题

3.1　如何选择数据的颗粒度

数据的颗粒度是指在不同维度下，数据体量的大小。维度一般分为时间维度、组织维度和产品维度，这几个维度都是在做预测之前需要考虑的，不同的数据颗粒度，其预测的准确率会不一样。

3.1.1　时间维度

时间维度可以分为天、周、月、年或者自定义的时间间隔。不同时间维度的数据颗粒度所预测的结果不一样，准确率也不一样。例如，当时间的颗粒度是周或者月，即使用同一个模型做预测，得出的预测结果也大不相同。因为不同的时间维度，销量呈现的趋势不一样。

比如，时间颗粒度为日（图 3.1）、时间颗粒度为月（图 3.2），可以看出，当时间颗粒度越小的时候，趋势越波动，当时间颗粒度越大的时候，趋势越平稳。

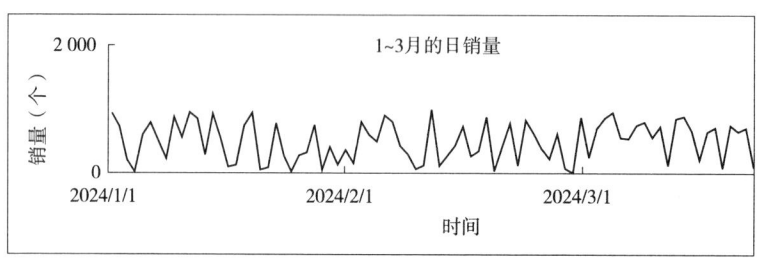

图 3.1　时间颗粒度为日

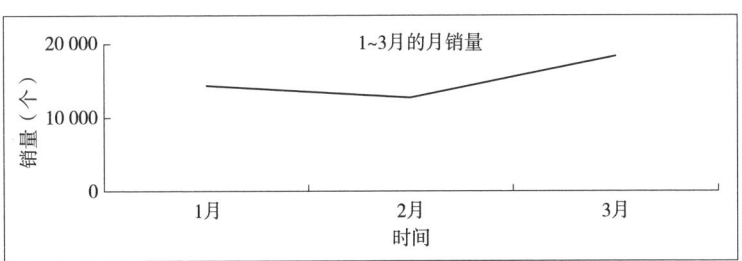

图 3.2 时间颗粒度为月

为了确保较高的预测准确率,在预测前应该先考虑时间维度,但如何确定时间维度中数据的颗粒度呢?这里需要考虑两个方面,一是哪个时间维度的预测准确率较高,二是补货周期是多久一次。

根据电商行业的特点,受周末或者节日的影响,一般不会按照天或者年的时间维度进行预测,因为每天的销量波动性较高;而年的时间周期又比较长,一般补货不会一年只补一次,所以也不会采用。有些公司会用周、半个月或者一个月的时间颗粒度做预测。至于哪个时间颗粒度预测效果较好,准确率较高,则需要根据不同行业的情况及预测准确率去衡量,不断测试检验结果。

3.1.2 组织维度

不同行业下组织维度不一样。比如跨境电商行业,做销量预测要考虑:究竟是预测全球的销量,还是将预测精准到每个国家的销量?此时,全球和每个国家便是组织维度。

预测一个国家的销量和预测全球销量哪个会更准确?请看下面的例子。

🌱 德国(DE)、法国(FR)和英国(UK)这三个国家的预测值、实际值和差异见表 3.1。当按照每个国家的组织维度去预测时,德国的差异是 100,法国的差异是 50,英国的差异是 50,每个国家预测值和实际值都相差 50%,当组织维度是全球的时候,预测值是 300(德国+法国+英国),实际值也是 300,预测的差异是 0,可以看到当组织范围越大的时候,差异有可能会被抵消,所以预测的组织范围越大,准确率可能越高。

表 3.1 按照国家销售预测

国　　家	德国(DE)	法国(FR)	英国(UK)
预测值	100	100	100
实际值	200	50	50
差异	100	50	50

> **冰云数据小贴士：**
> 风险是指颗粒度小且受同样的因素影响时，偏差无法互相抵消；从数据统计的角度看，集中统一分析，偏差更可能互相抵消，过滤"杂音"，总体预测准确度更高。

既然预测全球销量的准确率较高，那是否可以直接预测全球的销量呢？如果这样想就大错特错了，做预测的目的不是随便计算出一个数据就万事大吉了，我们还要考虑业务部门收到预测数据后如何开展工作，是否能够提升部门之间的工作效率和预测准确率。假设为了保证预测的准确率而直接预测全球的销量，采购部可直接按照数量采购产品，但计划部与销售部收到数据后还是需要根据全球的预测数据分到每个国家上，这样他们才能根据不同的预估销量安排发货补货，所以销售部还需要进行二次预测。显然，直接做全球销量预测并没有提升工作效率，单看全球的预测准确率而不考虑每个国家的预测准确率是不合理的。

在跨境电商行业，每个运营人员负责一个店铺，通过绩效考核判断运营预测准确率时，全球销量的预测准确率无法判断每个部门或每个运营人员的预测准确率，同时也不利于分析每个店铺存在的问题，所以对于跨境电商而言，预测的组织维度应该选择国家。

3.1.3 产品维度

预测单一 SKU 的销量和预测某一品类的 SKU 哪个更准确？同第 3.1.2 节介绍的原理一样，当数据的颗粒度越大时，预测的差异有可能会被抵消，预测的准确率也可能越高。但在供应链上，从采购下单到补货环节都是针对单个 SKU 的，即使是同一款产品的不同颜色，也存在不同的销量趋势，销售部会根据各种颜色的历史销量进行预测和补货。因此，按照某一品类做销量预测是没有意义的，因为它不能精准预测到单个 SKU 未来的销量。

> **冰云数据小贴士：**
> 在跨境电商中，销量预测要落实到每个国家、每个 SKU 上，这才符合补货逻辑，从而保证供应链的正常运行。

3.2 历史数据量的考量

3.2.1 历史数据量多长合适

需要注意的是，历史数据量太短，有些预测模型做不了，也不能很好地凸显产品的销量趋势。比如夏季产品，历史销量数据只有 1～5 个月，那么无论用哪种预测方法，预测的结果与实际销量的差异都会很大。预测时间太长则会导致数据的冗长，使得电脑的容量过大产生负荷，从而延长模型预测的运行时间。

一般情况下，一年的历史数据可以很好地体现产品销售趋势，因此最好准备一年以上的历史数据量，且中间不要存在缺失值[①]。

3.2.2 训练集、测试集、验证集的数据量多少合适

训练集是截取历史数据中的前大半段连续数据，放入预测模型中，用作训练模型[②]。测试集是将后面剩余的历史数据与预测结果作对比，评估模型预测的准确性。一般简单的预测模型只分为训练集和测试集，某些模型里需要通过调整合适的参数[③]来使得预测效果较好，这时候会将训练集分为训练集和验证集。验证集是用来验证不同参数的预测效果，以便找到最合适的参数。

🐛 举个例子。目前有一款预测模型 A 及其 24 个月的历史销量数据。为了测试预测模型 A 的准确率，我们先将 24 个月分为两份，一份是用于代入模型做训练，一份是测试预测的结果与实际的差异。通常代入模型的数据量比验证数据要长很多，以截取前 20 个月的连续销量数据作为训练集，代入到模型里面，预测模型里会有参数，参数是自变量[④]，不同的参数，预测的结果不一样。有些模型需要自行设置参数的数值，有些则可以自动调整参数（调整参数简称为调参）。无论是自动调参还是手动调参，都是为了选择最合适的参数代入模型里，使得出的预测值与实际值的差异尽可能小。模型预测流程如图 3.3 所示。

---

① 缺失值是指数据出现空缺、遗漏、丢失。
② 训练模型是用已有的数据，通过一些方法（最优化或者其他方法）确定函数的参数，参数确定后的函数就是训练的结果，使用模型就是把新的数据代入函数求值。
③ 参数也叫参变量，是一个变量。我们在研究当前问题的时候，关心某几个变量的变化，以及它们之间的相互关系，其中有一个或一些叫自变量，另一个或另一些叫因变量。如果引入一个或一些另外的变量来描述自变量与因变量的变化，引入的变量本来并不是当前问题必须研究的变量，我们把这样的变量叫作参变量或参数。
④ 自变量是指研究者主动操纵，而引起因变量发生变化的因素或条件，因此自变量被看作是因变量的原因。通俗地讲，"自变量是原因，因变量是结果"。

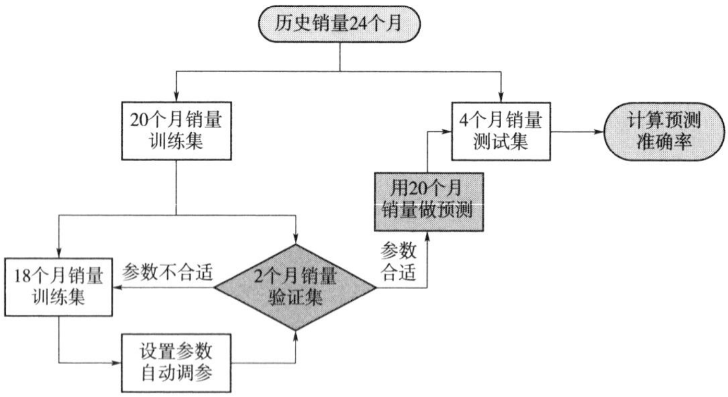

图 3.3 模型预测流程

在选择参数的过程中，模型会再把前 20 个月的数据分成两份。比如是前 18 个月和后 2 个月的数据（这只是假设数据，不一定全都按照 9:1 的比例，具体看选择的模型），前 18 个月的数据是训练集，后 2 个月的数据是验证集。每一次训练模型中都会用前 18 个月的数据预测后 2 个月的数据，与实际 2 个月的数据作对比，寻找较为合适的参数。找到合适的参数后，就用前 20 个月的数据代入模型，预测未来 4 个月的数据。预测的值可以和原有最后 4 个月的实际销量作对比，这 4 个月的数据是用于评估模型的准确率，叫作测试值。

关于这三类数据集之间的关系，如下所述。

（1）训练集相当于课后的练习题，用于日常的知识巩固。

（2）验证集相当于周考，用来纠正和强化学到的知识。

（3）测试集相当于期末考试，用来最终评估学习效果。

简单来讲，训练集用于训练模型，验证集是一旦找到了最佳参数，就开始最终训练，测试集是评估模型。通常将数据集的 60% 作为训练集，20% 作为验证集，20% 作为测试集，它们之间的关系如图 3.4 所示。

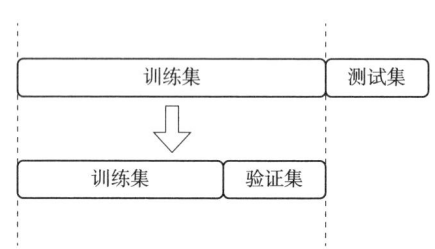

图 3.4 三类数据间的关系

需要注意的是，数据集的划分比例不是绝对的，应根据具体情况进行调整。对于一些复杂的问题，需要更多的数据进行训练，此时可以适当增加训练集的比例。而对于一些简单的问题，可以适当减少训练集的比例，以提高测试集和验证集的比例，从而更准确地评估模型的性能。

3.3 如何判断预测的准确率

一般在做完预测后，需要判断该模型的准确率。模型的准确率判断指标并不是唯一的。本节主要讲解三种常用的判断模型准确率的方法，分别是平均绝对误差百分比（mean absolute percentage error，简称 MAPE）、均方误差（mean square error，简称 MSE）和交叉验证。

3.3.1 平均绝对误差百分比

平均绝对误差百分比（MAPE）也叫作差异率，它是用预测值与实际值差异的绝对值，再除以实际值得出百分比，公式如下：

$$差异率 = \frac{|预测值-实际值|}{实际值} \times 100\%$$

为了让大家更好地了解该指标，差异率的示例见表 3.2。

表 3.2 差异率示例

SKU	实 际 值	预 测 值	差　　异	差 异 率
A	100	50	50	50%
B	100	150	50	50%
C	100	200	100	100%
合计	300	400	?	?

表 3.2 中分别有 A、B、C 三个 SKU 的实际值、预测值、差异和差异率。已知三个 SKU 的加总实际值与预测值，求总的差异和差异率。这道题该如何做呢？下面给出两个答案以供选择，一是将 A、B、C 的差异相加，得出总差异，将 A、B、C 的差异率相加再求平均值，得出差异率；二是用总预测值减去总实际值，得出总差异的绝对值，再除以总实际值，得出差异率。

需要注意的是，总差异量等于差异量之和，所以在计算总的差异和差异率的时候，实际要用总的预测值减去总的实际值，这样得出的结果才是对的，差异率是用总的差异除以总的实际值的百分比。

当差异率越大，表示越不准确，差异率越小，表示越准确。所以，我们可以通过差异率来求出准确率，准确率等于 1 减去差异率。

准确率的范围是 0 ~ 100%，当差异率大于等于 100% 时，准确率等于零。

差异率的优点是直观，简单明了。由于是计算百分比，所以无论是销量上千的产品或者是销量是个位数的产品，都可以用差异率比较那个产品的销量预测较为准确。缺点是，当实际值非常小的时候，差异率会很大，甚至超过 100%，比如实际值是 2，预测值是 8，差异率则为 300%，看起来好像相差很大，但实际上多预估了 6 个（预测值 - 实际值 = 8-2），对库存影响不是很大，如果实际值是 400，预测值是 600，差异率是 50%，看起来相差不大，但实际库存上多了 200 个产品，对库存积压有一定的影响，所以这个方法与供应链的契合度一般。

3.3.2 均方误差

均方误差是衡量"平均误差"的一种较方便的方法，通过计算预测值与实际值之差的平方的平均值来评估模型预测的准确性。公式如下：

$$均方误差 = \frac{1}{n}\sum_{i=1}^{n}（预测值_i - 实际值_i）^2$$

其中，n 为样本数量。均方误差的目的是将差异放大，使差异更加明显。

某产品连续四周的销量数据，见表 3.3，分别用方法 A 和方法 B 来预测，同时计算这两种方法的均方误差。从四周总体数据来计算，方法 A 的均方误差为 3.672 5，方法 B 的均方误差为 6.075，很明显方法 A 的均方误差小，预测效果更好。

表 3.3　未来四周的预测结果

项　　目	第 一 周	第 二 周	第 三 周	第 四 周
实际销量	5	5	5	5
方法 A	3	2.8	7.4	5.3
均方误差 A	4	4.84	5.76	0.09
方法 B	0.5	7	5.1	5.2
均方误差 B	20.25	4	0.01	0.04

来看第一周的预测结果,方法 A 预测结果是 3,与实际值相差 2,计算出来的均方误差为 4。方法 B 预测的结果是 0.5,与实际值相差 4.5,均方误差为 20.25。对于预测的误差,均方误差可以加倍放大误差值。这种惩罚极值的方法在电商行业里极其重要,它可以及时地发现预测值与实际值的差异,预防断货或补货过多等问题,契合供应链的运行规律。

再来看一个例子,表 3.4 分别用 A、B 两种方法预测不同 SKU 的销量,SKU1 用方法 A 预测的差异率是 40%,均方误差是 400;SKU2 用方法 B 预测,差异率是 2%,均方误差是 10 000,你可以从中判断出,哪种方法预测准确率比较高吗?

表 3.4 预测差异率

产　　品	SKU1	SKU2
实际销量	50	5 000
预测方法	A	B
预测值	30	4 900
差异率	40%	2%
均方误差	400	10 000

很明显两个 SKU 的销量相差悬殊,从差异率来看,方法 B 的差异率比方法 A 要小,说明方法 B 的预测准确率高。但是从均方误差来看,方法 B 比方法 A 的值要大,说明方法 B 预测的差异比较大。不同的判断标准,结果也会截然不同。在不同的产品中要对比预测方法的准确率,应该用哪个判断标准呢?答案是用差异率。均方误差适合判断预测的值与实际值的差异,而差异率则适合判断不同模型的预测效果。

所以均方误差的缺点是不同 SKU 之间的均方误差是没有办法比较的,原因是有些 SKU 日销几百件,有些 SKU 日销几十件,销量相差悬殊。同时,它也不适用于部门的 KPI 考核。

3.3.3 交叉验证

交叉验证将数据集划分为训练集和测试集,使用训练集训练模型,并在测试集上进行评估,从而可以评估模型在未见过的数据上的性能[1]。交叉验证通过多次随机划分数据集并重复训练和测试过程,可以降低测试结果的随机性和偏差,从而更准确地评估模型的性能。

在第 3.2.2 节的案例中,有 24 个月的历史销量,分为两份,前 20 个月作为训练集,后 4 个月作为测试集;我们还可以将前 18 个月作为训练集,第 19～22 个月作为测试集,目的是在不同时间与数据趋势情况下,验证该模型预测准确率是否有变,判断模型预测结果的准确率是否具有随机性或巧合性,以及是否适用于任何时间段。

3.3.4 R^2

平均绝对误差百分比和均方误差两个指标用来判断模型的准确率。在模型预测中,经常会计算 R^2 来判断模型的拟合程度[2],即该模型是否合适。R^2 公式为

$$R^2 = \frac{SSR}{SST} = 1 - \frac{SSE}{SST}$$

其中,SSR(sum of squares due to regression)为回归平方和,表示回归模型能够解释的因变量的变异程度,计算公式为 SSR=$\sum_{i=1}^{n}(\hat{y_i}-\bar{y})^2$,其中,$\hat{y_i}$ 是根据回归方程预测得到的第 i 个观测值的预测值,$\bar{y}$ 是因变量 y 的样本均值。

SSE(sum of squares of errors)为残差平方和,表示观测值与预测值之间的差异程度,即回归模型无法解释的因变量的变异程度,计算公式为 SSE=$\sum_{i=1}^{n}(y_i-\hat{y})^2$,其中 y_i 是第 i 个观测值。

SST(total sum of squares)为总平方和,表示因变量 y 的总变异程度,计算公式为 SST=$\sum_{i=1}^{n}(y_i-\bar{y})^2$。

---

[1] 性能通常是指算法或模型在完成任务时的表现和效率,它是衡量模型预测能力的一个重要指标。
[2] 拟合程度是指统计学中用来衡量一个预测模型与实际观测数据之间吻合度的指标,通常使用均方误差 MSE 或 R^2 来量化。如果拟合程度越高,预测模型在实际观测中的表现就会越好,相应地,MSE 也会越小或 R^2 会越大。

R^2（R-squared）用于衡量回归模型[1]拟合程度的统计量[2]，其取值范围从 0～1。R^2 越接近 1，说明模型对观测数据[3]的拟合程度越好，反之越接近 0，说明模型对数据的拟合程度越差。

具体来说，R^2 是实际观测值与回归模型预测值之间的方差比，用来表示模型解释因变量变化的比例。其中，分母表示因变量的总方差，分子表示因变量的方差中被回归模型解释的部分。因此，R^2 可以理解为模型解释了多少数据的变异性[4]。

注意：R^2 值越高并不一定意味着模型就最好，因为一个拟合过的模型也可能会得到高的 R^2 值。此外，R^2 还存在一些限制，如当自变量数量较多时，R^2 值容易偏高，因为模型可以通过添加无意义的自变量来增加拟合度。因此，需要综合考虑其他评估指标来评价模型的表现。

3.4　什么样的产品适合做预测

此处的产品不是产品种类，而是指根据产品销量趋势或生命周期，哪些是不适合代入预测模型的，哪些是没有必要作预测的，需要根据数据及业务场景做判断。我们在预测之前需要先考虑好要预测的产品，排除不需要预测的数据，这样可以节省时间和人力成本，同时也会提高预测效率。

3.4.1　四种销量趋势

销量趋势分为四种，分别是平稳性、趋势性、季节性、无规律性。

（1）平稳性：是指历史的销量趋势波动不大，在同一条平行线上，比较平稳。

---

[1] 回归模型是一种建立变量之间关系的统计学方法。它用来预测一个变量（被解释变量）的值，根据其他一些变量（解释变量）的值和它们之间的关系。在回归模型中，解释变量被用来预测被解释变量的值，这种关系可以用一条直线或曲线来表示。回归模型的主要目的是预测或解释因变量的变化，以及确定自变量与因变量之间的关系。它可以用来描述和预测许多现实世界中的情况，如股票市场走势、商品价格变动、天气预报等。

[2] 统计量是对数据集中某些属性的度量指标，用数字来描述一组数据的特征。比如，均值是把数据集中相加后再除以数据个数，它可以反映数据集的总体水平。

[3] 观测数据是指通过实际观察或测量获得的数据。在统计学中，通常会收集一组数据来研究变量之间的关系或者是某种现象的特征。

[4] 变异性是指数据的分散程度，也可以理解为数据的不确定性或者波动性。

其特点是不会被季节或者天气影响销量,如图 3.5 所示。这类销量比较稳定的产品,需要用到的预测模型较为简单。

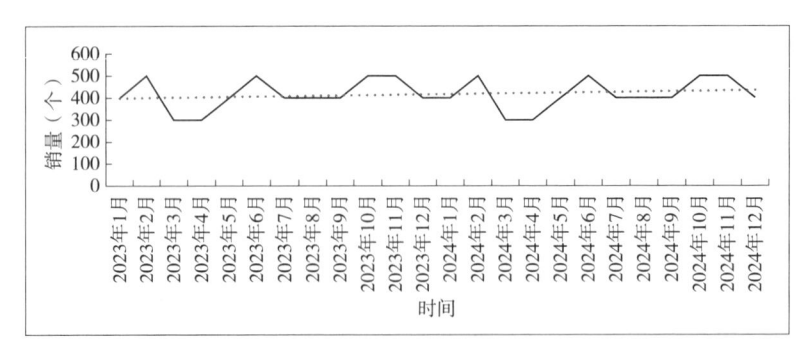

图 3.5 平稳性趋势

(2)趋势性:是指历史的销量数据呈上涨或者下降的趋势。其特点是随着时间的增加,呈上涨趋势的销量会越来越高,呈下降趋势的销量会越来越低,如图 3.6 所示。这类趋势需要用到的预测模型比平稳性趋势的要复杂,但相对来说,也比较简单。

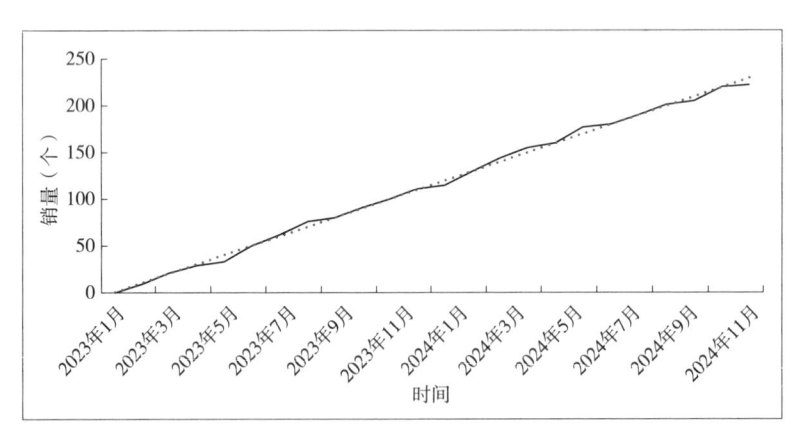

图 3.6 趋势性趋势

(3)季节性:是指每年由于天气、季节或者某些节日带来的有规律的波动。其特点是每年的波动时间一致,上涨与下降有规律,有迹可循,如图 3.7 所示。这类模型比较复杂。

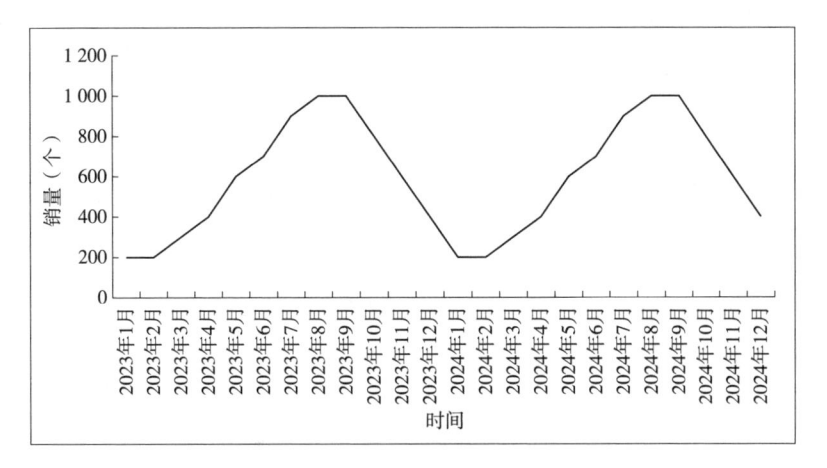

图 3.7　季节性趋势

（4）无规律性：指在任意两年中，出现无原因的不规则波动。它的特点是销量的高低是无规律的，这种情况下，用哪种模型预测准确率都不高，如图 3.8 所示。

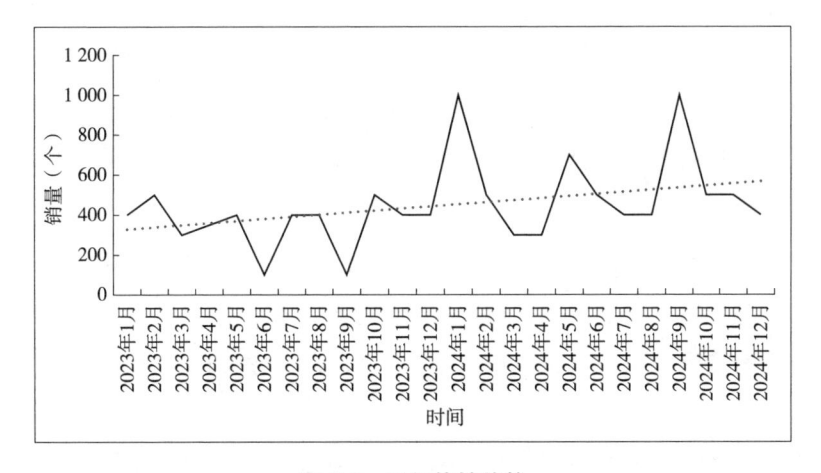

图 3.8　无规律性趋势

3.4.2　产品生命周期

产品的生命周期一般分为四个阶段，分别是导入期、成长期、成熟期和衰退期，如图 3.9 所示。

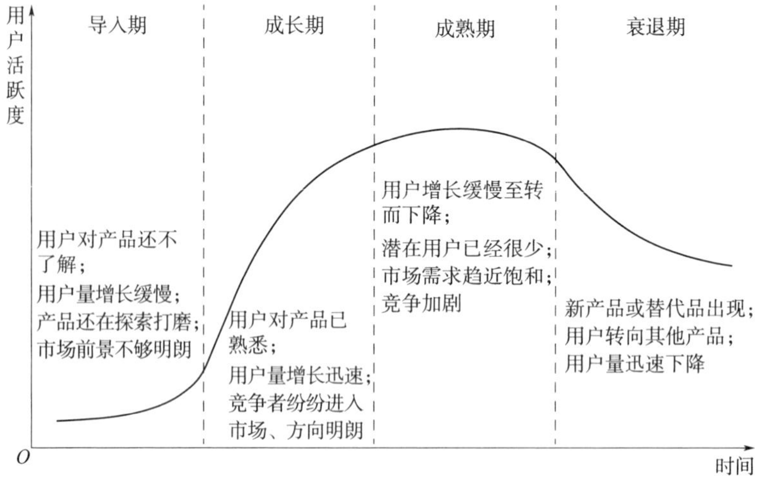

图 3.9　产品生命周期

导入期：产品刚上架，用户对产品还不了解，用户量增长缓慢，市场前景不够明朗，产品的销量有轻微上涨趋势。由于产品属于新品状态，没有历史销量，这时候不适合用模型做预测，只能根据市场同类产品做评估。

成长期：产品上架一段时间后，用户对产品已熟悉，用户量增加迅速，竞争者纷纷进入，市场方向明朗，这时候可以说产品有了一定的知名度，销量呈上涨趋势。在新品走向老品的时候，由于前面已有历史数据，而且趋势明显，可以用趋势性模型做预测。

成熟期：等销量上涨到一定程度，就会进入成熟期，这时候用户增长缓慢至转而下降，潜在用户已经很少，市场需求趋近饱和，竞争加剧，销量趋势比较平稳。产品已经成为老品，这时候可以根据产品的特性选择平稳性或者季节性模型做预测。

衰退期：过了成熟期后，产品渐渐走入衰退期，新产品或者替代品出现，用户转向其他产品，用户量迅速下降，销量也呈下降趋势。这种情况下，一般销售部会做清货的准备，把当前的库存卖完后不会再补货。此时，便没必要再做预测了。

不同产品的生命周期不一样，实际工作中，需要根据产品的特性、运营手段、市场情况来判断，没有统一的时间周期。

第 4 章　从销量趋势看预测

本章主要根据平稳性、趋势性和季节性的销量趋势，讲解十种预测方法和相关案例。这十种预测方法都是我用百万数据量做测试后筛选出来的，非常具有代表性。希望能够帮助大家选择出合适的模型做预测。

4.1　销量呈平稳性产品的预测

4.1.1　什么是销量呈平稳性产品

销量平稳性产品的特性是指一年以上的销量都是比较平稳的，波动性小，整体趋势像与横轴形成一条平行线，不会因为季节的变动而产生变化，如图4.1所示。

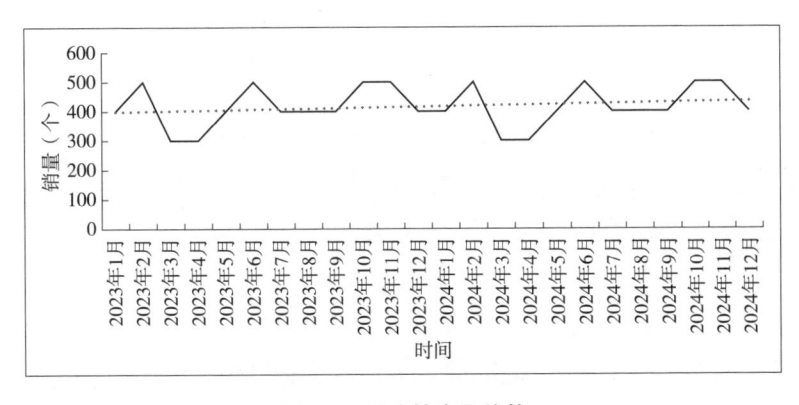

图 4.1　平稳性产品趋势

需求较为稳定的产品，销量也不容易受到季节性或其他外部因素的影响。比如日常必需品等，消费者的需求基本不会随着季节或其他因素的变化而发生大的波动。此外,还有一些大型基础设施建设、公共事业等也属于平稳性产品,其需求相对稳定,因此销量也较为平稳。

当然,即使是平稳性产品,也可能受到市场变化、竞争压力等因素的影响,导致销量波动,但这种波动通常较为缓慢,不会像一些季节性产品那样出现明显的周期性[①]波动。所以在选择预测方法上应该根据平稳的特性选择合适的模型。

4.1.2 预测方法的选择

平稳性产品的预测方法主要有三种,分别是算术平均法、移动平均法和简单指数平滑法。

1. 算术平均法

1)定义

算术平均法是求出一定观察期内预测目标的时间数列的算术平均数作为下期预测值的一种最简单的时序预测法。

算术平均值是一个良好的集中量数[②],具有反应灵敏、简明易解、计算简单,适合进一步演算和受抽样变化影响较小等优点。

算术平均值易受极端数据的影响,这是因为平均数反应灵敏,每个数据的变化都会影响到最终结果。

2)计算方式

假设:x_1,x_2,x_3,$\cdots$,x_n 为观察期的 n 个数值,求得 n 个数值的算术平均数的公式为:

$$\bar{x} = (x_1 + x_2 + x_3 + \cdots + x_n) \div n$$

运用算术平均法求平均数,进行市场预测有以下两种形式。

(1)以最后一年的每月平均值或数年的每月平均值,作为次年的每月预测值。

(2)以观察期的每月平均值作为预测期对应月份的预测值。

[①] 周期性是指数据具有明显的重复出现的循环变化。例如,某商品的销售量可能会在每周的某一天或每个月的某一时期出现周期性的波动,这是因为消费者的购买行为会随着时间的变化而变化,导致商品的销售量也会出现周期性变化。周期性数据的分析可以帮助我们识别这种规律,了解数据变化的趋势和周期,从而更好地制定相应的策略和决策。

[②] 集中量数:是描述数据集中趋势的统计量。

3）案例

【案例背景】表4.1是某一品牌吸尘器1～6月的销量情况，现需要根据1～6月的数据预测7月的销量。

表4.1　销售情况

单位：台

时间	1月	2月	3月	4月	5月	6月	7月
销量	1 136	989	1 050	1 098	997	1 090	?

【数据分析】从1～6月份看，整体的销量趋势比较平稳，如图4.2所示。

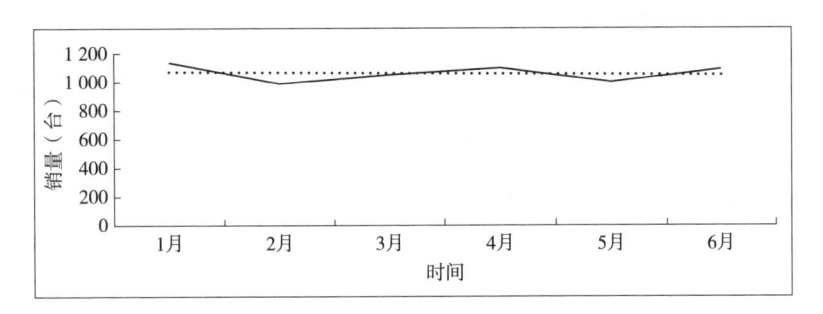

图4.2　销售趋势

一般来讲，预测需要一整年的数据，这样能辨别出产品是否具有季节性，但实际工作中往往没有这么完美，也不可能等到产品上架一年后才进行预测，从1～6月的销量可以判断出该产品销量平稳，而且可以直接从产品类目判断出该产品是否属于季节性产品。很明显，吸尘器属于非季节性产品，这时候就可以用算术平均法来预测7月份的数据。

我们可以直接求出算术平均值，也可以在使用该方法之前，用历史数据做测试，比如用1～5个月的销量预测出6月份的销量，再用预测值和6月实际销量计算该模型的差异率，此操作可以判断该方法是否适用。

【计算过程】预测6月的销量：（1 136+989+1 050+1 098+997）÷5=1 054

计算差异率：（1 090-1 054）÷1 090×100%≈3%

差异率只有3%，证明模型预测较为准确，可以预测7月的销量，计算如下：

（1 136+989+1 050+1 098+997+1 090）÷6=1 060

【得出结果】结果是1 060，与1～6月相差不大。这种方法是最简单的预测方法。因为该方法是预测所有月销量的平均值，所以适合销量比较平稳的产品。

2. 移动平均法

1）定义

移动平均法是用一组最近的实际数据值来预测未来一期或几期内公司产品的需求量、公司产能等的一种常用方法。移动平均法适用于即期预测[①]。当产品需求既不快速增长也不急速下降，且不存在季节性因素时，移动平均法能有效地消除预测中的随机波动。

注意：与算术平均法不一样的是，算术平均法是所有月份加总的平均值，而移动平均法是最近一组数据加总的平均值。

2）计算方式

$$F_t = (A_{t-1} + A_{t-2} + A_{t-3} + \cdots + A_{t-n}) \div n$$

其中，F_t 是预测值；n 是移动平均的时期个数；A_{t-1} 是前期实际值；A_{t-2}、A_{t-3} 和 A_{t-n} 分别表示前两期、前三期至前 n 期的实际值。

3）案例

【案例背景】表4.2是某产品销量，一直趋于平稳，由于春节期间（1~2月份）导致数据波动，现要预测7月的销量。

表4.2 某产品销量

单位：个

时间	1月	2月	3月	4月	5月	6月	7月
销量	1 136	500	1 050	1 098	997	1 090	?

【数据分析】该产品销量一直比较平稳（图4.3），但由于春节假期的影响，导致数据有下降，7月明显不会受此影响。如果用算术平均法，2月的销量会拉低整体的销量均值，在预测7月时销量会比平常偏低，所以应该剔除2月的销量，直接用移动平均法取最近3个月的数据来预测7月的销量。

---

① 即期预测是指预测当前或近期的未来数值，通常基于当前的数据和趋势进行预测。它主要是针对短期预测，适用于那些变化较为平缓、具有规律性的数据，如股票价格、天气预报等。

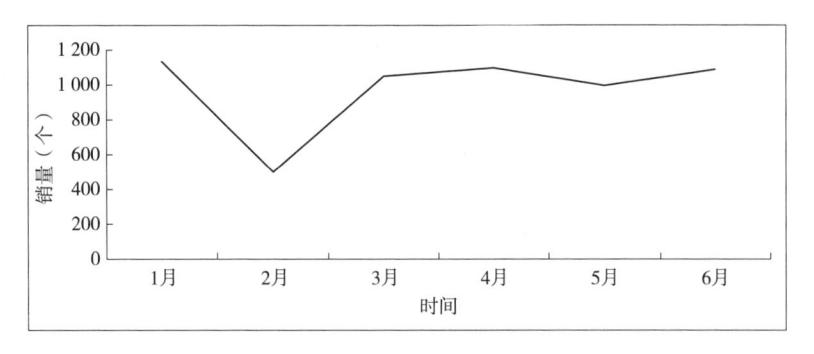

图4.3 平稳销量的产品

【计算过程】（1 098+997+1 090）÷3≈1 062

【得出结果】预测结果是1 062，除了2月，其他月份与前面几个月相差不大，趋势较为平稳，这种方法适合平稳趋势的产品，但前期的销量发生变化，需要剔除前期的数据，以最近的销量为准进行预测。

3. 简单指数平滑法

介绍简单指数平滑（simple exponential smoothing method，简称SES）前，先来了解下指数平滑法。

指数平滑法是生产预测中常用的一种方法，用于中短期经济发展趋势预测，在所有预测方法中，指数平滑法是用得最多的一种。简单的全期平均法是对时间数列的过去数据一个不漏地全部加以同等利用；移动平均法不考虑较远期的数据，取最近一段时间的数据做预测；而指数平滑法则兼容了全期平均和移动平均所长，不舍弃过去的数据，但是仅给予逐渐减弱的影响程度，即随着数据的远离，赋予逐渐收敛为零的权数[1]。反之，离预测点越近的数据，权重[2]越大。

随着历史时间的推移，权重以同等比例的形式下降，若最靠近现在的为0.5，那么依次往前的历史权重有可能是0.2、0.15等，历史越久远的数据越接近0。

---

[1] 权数通常是在加权平均计算中使用的一种概念。在加权平均中，每个数值都需要乘以一个权数，然后再把乘积相加，最后除以权数的总和。权数的大小表示该数值在整体计算中的重要程度，权数越大，则说明该数值对加权平均的结果影响越大，反之则越小。

[2] 权重是指在某个模型中，对于不同的特征或变量，为了达到更好的预测效果，需要对其赋予不同的重要性，这个重要性就是权重。在模型中，每个特征或变量都会对应一个权重值，权重值越大，则说明该特征或变量对结果的影响越大。

举个例子，小红2024年6月的体重是45千克，2023年某个月的体重是55千克，显然若要预测2024年7月小红的体重，6月的数据影响更大些。

也就是说，指数平滑法是在移动平均法基础上发展起来的一种时间序列分析预测法，它是通过计算指数平滑值，配合一定的时间序列预测模型对现象的未来进行预测。其原理是任一期的指数平滑值都是本期实际观察值与前一期指数平滑值的加权平均。

指数平滑法分为三种，分别是一次指数平滑法、二次指数平滑法和三次指数平滑法。这三种方法针对不同的趋势做预测。一次指数平滑法，又称为简单指数平滑法。

1）定义

简单指数平滑是赋予本期实际值的权重 α 与上期实际值（$1-\alpha$）的加总作为本期的预测值。该方法适合用来预测没有明显趋势和季节性的时间序列。因为该预测值是基于上一次实际值的权重，所以当预测的时间较长时，该预测结果趋向于一条水平的直线。

2）计算方式

简单指数平滑需要滞后一期，给定平滑系数 α，那么简单指数平滑的计算公式为

$$S_t = \alpha x_{t-1} + (1-\alpha) S_{t-1} \quad\quad\quad (1)$$

式（1）中，S_t、S_{t-1} 分别指第 t、$t-1$ 的预测值；X_{t-1} 指第 $t-1$ 的实际值。

预测第 $t+1$ 期的数值则是上一期的实际值与预测值的加权平均，预测公式为

$$S_{t+1} = \alpha x_t + (1-\alpha) S_t \quad\quad\quad (2)$$

式（2）中，S_{t+1} 表示未来下一期（第 $t+1$ 期）的预测值；x_t 表示第 t 期的实际值；S_t 表示第 t 期的预测值；α 表示平滑系数，取值在 0～1 之间；$1-\alpha$ 表示阻尼系数。

式（1）和式（2）的思路是一样的，不同的地方是式（1）是预测已有数据的值，式（2）是预测未来数据的值。下期预测值又是本期预测值与以 α 为折扣的本期实际值与预测值误差之和。

注意：平滑系数可以自行设置，所以在预测的时候可以多设置几组平滑系数，再用均方误差判断模型的效果，选择效果好的模型作为最终预测结果。

3）案例

【案例背景】某产品 2024 年的销量见表 4.3。为了合理备货，需要预测 2025 年 1 月的销量。

表 4.3　某产品 2024 年销量

时　　间	销量（个）
2024 年 1 月	17 878
2024 年 2 月	17 779
2024 年 3 月	18 783
2024 年 4 月	17 890
2024 年 5 月	18 998
2024 年 6 月	18 653
2024 年 7 月	17 878
2024 年 8 月	18 779
2024 年 9 月	17 783
2024 年 10 月	18 890
2024 年 11 月	17 998
2024 年 12 月	17 653
2025 年 1 月	?

【数据分析】该产品 2024 年销量趋势属于平稳，如图 4.4 所示。2025 年 1 月的销量可以用简单指数平滑的方法。

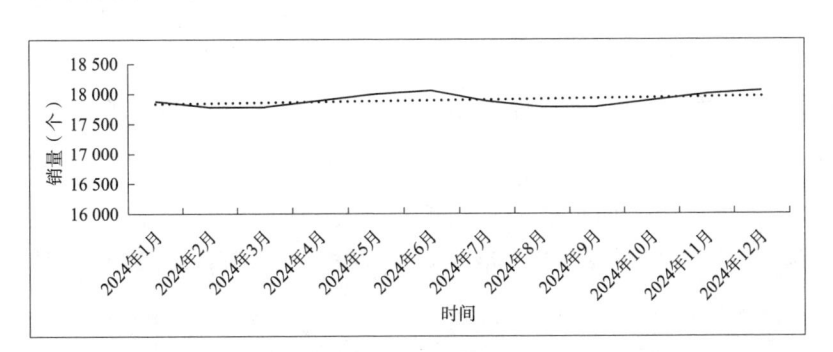

图 4.4　平稳趋势

【计算过程】2024 年 2 月的预测值等于 2024 年 1 月的实际值，假设平滑系数是 0.7，2024 年 3 月的预测值 =0.7×2 月的实际值 +（1-0.7）×2 月的预测值，下面的预测值就以此类推，如图 4.5、图 4.6 所示。

时间	销量	趋势预测（销量）α=0.7
2024年1月	17 878	
2024年2月	17 779	17 878.00
2024年3月	17 783	=0.7×17 779+(1-0.7)×17 878
2024年4月	17 890	17 790.71
2024年5月	17 998	17 860.21
2024年6月	18 053	17 956.66
2024年7月	17 878	18 024.10
2024年8月	17 779	17 921.83
2024年9月	17 783	17 821.85
2024年10月	17 890	17 794.65
2024年11月	17 998	17 861.40
2024年12月	18 053	17 957.02
2025年1月		18 024.21

图 4.5 简单指数平滑预测结果

把预测值和实际值做成折线图可以看到，趋势是不变的，等同原有的销量向右平移一个单位。

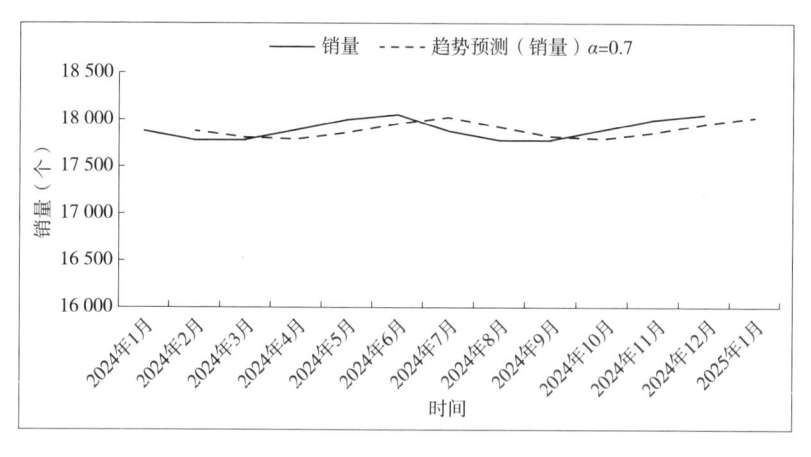

图 4.6 预测趋势

想要找到较为准确的模型，可以多设置几个平滑系数。该案例中我还设置了 0.5 和 0.9 的平滑系数计算出新的预测值，得出结果后用最近三个月的数据来计算 MSE，MSE 数据最小，说明模型预测与实际相差较少，模型预测效果好，当 α=0.7 时，MSE=[(17 794.65+17 861.4+17 957.02)-(17 890+17 998+18 053)]^2，其他的以此类推，得出的结果如图 4.7 所示。

时间	销量	趋势预测（销量）α=0.7	趋势预测（销量）α=0.5	趋势预测（销量）α=0.9
2024年1月	17 878			
2024年2月	17 779	17 878.00	17 878.00	17 878.00
2024年3月	17 783	17 808.70	17 828.50	17 878.00
2024年4月	17 890	17 790.71	17 795.85	17 833.45
2024年5月	17 998	17 860.21	17 840.36	17 799.61
2024年6月	18 053	17 956.66	17 929.11	17 836.28
2024年7月	17 878	18 024.10	18 004.83	17 919.82
2024年8月	17 779	17 921.83	17 951.05	17 996.33
2024年9月	17 783	17 821.85	17 850.41	17 955.58
2024年10月	17 890	17 794.65	17 802.42	17 860.93
2024年11月	17 998	17 861.40	17 842.43	17 808.28
2024年12月	18 053	17 957.02	17 929.70	17 838.92
2025年1月		18 024.21	18 005.01	17 920.62
MSE		107 538.08	134 358.90	187 377.81

图 4.7 不同平滑系数的预测结果

从数据来看，当平滑系数是 0.7 的时候，MSE 最小，模型的预测效果较好。预测趋势如图 4.8 所示。

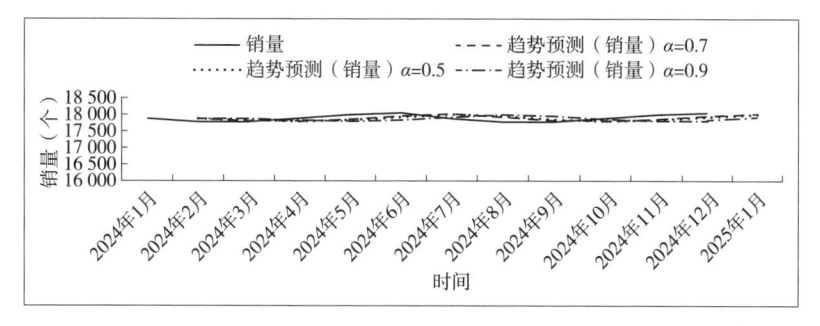

图 4.8　预测结果趋势对比

【得出结果】最终的预测结果是 18 024.21，平滑系数是 0.7。

以上三种方法都是面向销量平稳趋势的产品，这三种方法的优缺点如下所述。

（1）算术平均是计算最简单易懂的预测方法，当数据出现极值时，该方法容易受到极值的影响，同时该方法每个时间段的权重一样，与近期的销量紧密度一般。适用于历史时间比较平稳，无极值出现的销量数据。

（2）移动平均也是计算较为简单的预测方法，受历史销量的影响较小，能削弱短期偶然因素带来的波动，是根据设定的某个时间段进行预测，选择时间段不一样，预测的结果也不一样，预测比较灵活，但是要选择多久的历史时间需要自己衡量。常用于预测销量情况、库存、股票走势等。

（3）简单指数平滑相对上面两种方法较为科学，是预测方法中最常用的方法之一，它会根据历史的趋势向右平滑，因为权重的问题，受历史的销量影响比较小，近期权重较大，所以只能适合短期的预测。另外指数平滑需要调整平滑系数来测出较为合适的模型。这三种方法优缺点的对比见表 4.4。

表 4.4　不同测算方法的对比

区　别	算术平均法	移动平均法	简单指数平滑法
优点	计算简单	预测值接近最近时间	比较科学
		不受极值影响	预测值接近最近时间
缺点	容易受极值影响	需要考虑计算历史时间的范围	要调整平滑系数选择合适的模型
	与近期数据紧密度一般		不适合长期预测

4.1.3　案例：居家类产品销量预测

【案例背景】某工厂要生产一款落地灯，由于生产需要一定时间，需要根据

2024年的销量来预测2025年1～3月的销量，安排采购原材料生产，维持供应链的运行，2024年销量见表4.5，请用合理的方法做预测。

表4.5　2024年销量

时　　间	销量（台）
2024年1月	87 998
2024年2月	87 779
2024年3月	87 783
2024年4月	87 890
2024年5月	87 998
2024年6月	88 053
2024年7月	88 053
2024年8月	88 053
2024年9月	87 890
2024年10月	87 998
2024年11月	88 053
2024年12月	88 103
2025年1月	?
2025年2月	?
2025年3月	?

【数据分析】在接到需求分析后，不要盲目找模型进行预测，而是应该先了解项目的背景。

落地灯属于居家类产品，一般是需要装修或者给家里添置装饰时购买，所以不属于季节性产品，也不会根据季节的变化销量有所增减。

再看2024年的销量，每个月都一直在8万台左右，且每个月之间的差距在几十和几百的浮动，可见销量属于平稳型，如图4.9所示。

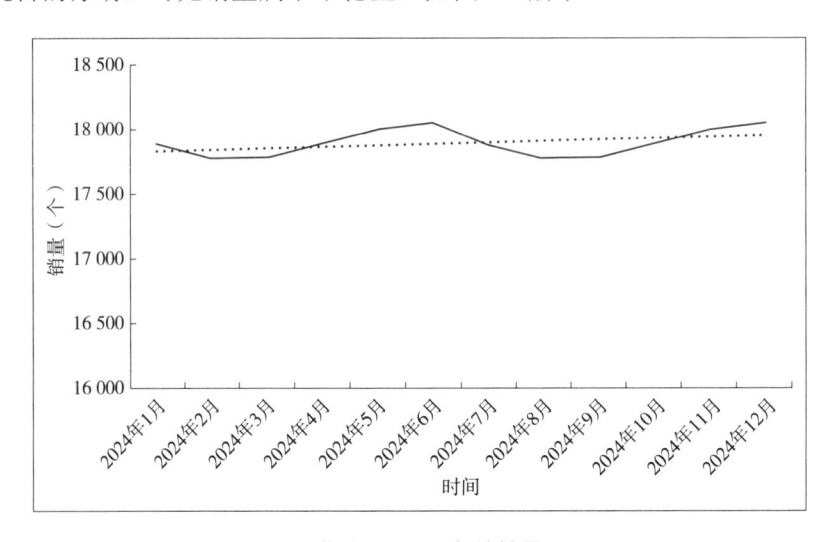

图4.9　落地灯2024年的销量

因为该产品不是季节性产品，离现在越远的销量赋予的权重越小，越接近现在赋予的权重越大，所以用简单指数平滑法来预测，可以设置多个平滑系数，从而找到比较合适的模型。

【计算过程】此处，我分别设置了 0.2、0.6、0.9 的平滑系数代入公式，得出的结果如图 4.10 所示。

时间	销量	趋势预测（销量）$\alpha=0.2$	趋势预测（销量）$\alpha=0.6$	趋势预测（销量）$\alpha=0.9$
2024年1月	87 998			
2024年2月	87 779	87 998.00	87 998.00	87 998.00
2024年3月	87 783	87 954.20	87 866.60	87 800.90
2024年4月	87 890	87 919.96	87 816.44	87 784.79
2024年5月	87 998	87 913.97	87 860.58	87 879.48
2024年6月	88 053	87 930.77	87 943.03	87 986.15
2024年7月	88 053	87 955.22	88 009.01	88 046.31
2024年8月	88 053	87 974.78	88 035.40	88 052.33
2024年9月	87 890	87 990.42	88 045.96	88 052.93
2024年10月	87 998	87 970.34	87 952.38	87 906.29
2024年11月	88 053	87 975.87	87 979.75	87 988.83
2024年12月	88 103	87 991.30	88 023.70	88 046.58
2025年1月	?	88 013.64	88 071.28	88 097.36
2025年2月	?			
2025年3月	?			

图 4.10 不同平滑系数的预测结果

在图 4.10 中看到 2025 年 2 月和 3 月的预测结果为空，因为 1 月和 2 月没有销量，怎么办呢，做法是将 1 月的实际销量等于该月的预测销量。这样，就可以预测到 2025 年 2~3 月的时间了，如图 4.11 所示。

时间	销量	趋势预测（销量）$\alpha=0.2$	趋势预测（销量）$\alpha=0.6$	趋势预测（销量）$\alpha=0.9$
2024年1月	87 998			
2024年2月	87 779	87 998.00	87 998.00	87 998.00
2024年3月	87 783	87 954.20	87 866.60	87 800.90
2024年4月	87 890	87 919.96	87 816.44	87 784.79
2024年5月	87 998	87 913.97	87 860.58	87 879.48
2024年6月	88 053	87 930.77	87 943.03	87 986.15
2024年7月	88 053	87 955.22	88 009.01	88 046.31
2024年8月	88 053	87 974.78	88 035.40	88 052.33
2024年9月	87 890	87 990.42	88 045.96	88 052.93
2024年10月	87 998	87 970.34	87 952.38	87 906.29
2024年11月	88 053	87 975.87	87 979.75	87 988.83
2024年12月	88 103	87 991.30	88 023.70	88 046.58
2025年1月	88 013.64	88 013.64	88 071.28	88 097.36
2025年2月	=88 013.64			

图 4.11 无历史销量时的预测方法

为了让大家清晰地看到这几条预测线，我将 Y 轴的间距调小，如图 4.12 所示，看起来波动较大，但实际上比较平稳的。1~3 月的预测结果可以看到都是一条直线，是因为在公式中预测值和实际值都是同一个数，权重加起来等于1，所以简单指数平滑法只适合短期的预测，不适合长期的预测。

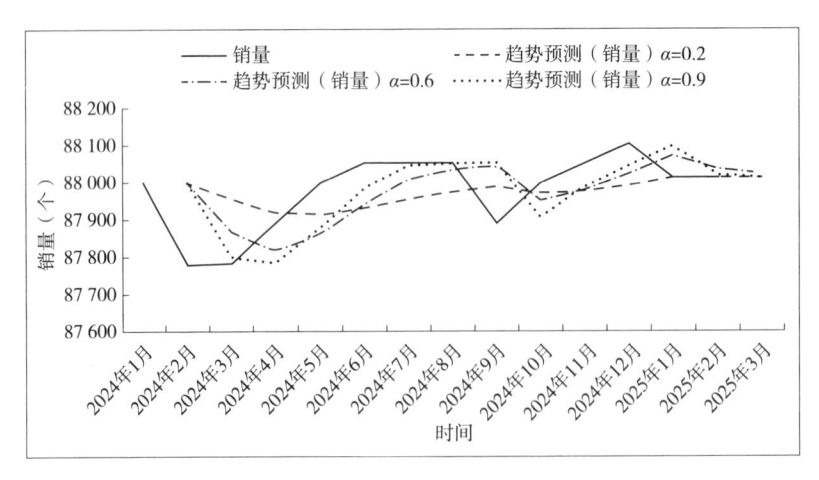

图 4.12　预测结果趋势对比

再计算各模型的 MSE，结果如图 4.13 所示。

时间	销量	趋势预测（销量）α=0.2	趋势预测（销量）α=0.6	趋势预测（销量）α=0.9
2024年1月	87 998			
2024年2月	87 779	87 998.00	87 998.00	87 998.00
2024年3月	87 783	87 954.20	87 866.60	87 800.90
2024年4月	87 890	87 919.96	87 816.44	87 784.79
2024年5月	87 998	87 913.97	87 860.58	87 879.48
2024年6月	88 053	87 930.77	87 943.03	87 986.15
2024年7月	88 053	87 955.22	88 009.01	88 046.31
2024年8月	88 053	87 974.78	88 035.40	88 052.33
2024年9月	87 890	87 990.42	88 045.96	88 052.93
2024年10月	87 998	87 970.34	87 952.38	87 906.29
2024年11月	88 053	87 975.87	87 979.75	87 988.83
2024年12月	88 103	87 991.30	88 023.70	88 046.58
2025年1月	88 013.64	88 013.64	88 071.28	88 097.36
2025年2月	88 013.64	88 013.64	88 036.69	88 022.01
2025年3月	?	88 013.64	88 022.86	88 014.48
MSE		46 871.90	39 267.28	45 068.92

图 4.13　MSE 结果

用最后三个月的实际值和预测值计算 MSE，得出当 α=0.6 的时候，MSE 最小，预测效果较好。所以最终选择此模型的预测结果。

【得出结果】结果见表 4.6。

表 4.6　预测结果

时　间	销量（台）
2024 年 1 月	87 998
2024 年 2 月	87 779
2024 年 3 月	87 783
2024 年 4 月	87 890
2024 年 5 月	87 998
2024 年 6 月	88 053
2024 年 7 月	88 053
2024 年 8 月	88 053
2024 年 9 月	87 890
2024 年 10 月	87 998
2024 年 11 月	88 053
2024 年 12 月	88 103
2025 年 1 月	88 071
2025 年 2 月	88 071
2025 年 3 月	88 071

4.2　销量呈趋势性产品的预测

4.2.1　什么是销量呈趋势性产品

销量呈趋势性的产品，顾名思义就是产品长时间的销量走向呈上升或者下降的趋势，如图 4.14 所示。需要注意的是，短期内的上升或者下降有可能是无规则性或者是季节性，所以需要观察较长时间，大概一年以上。我们要了解这种产品有没有因为节假日而产生异常波动。在历史数据短，不足以判断规律的情况下，不适合作长期预测。

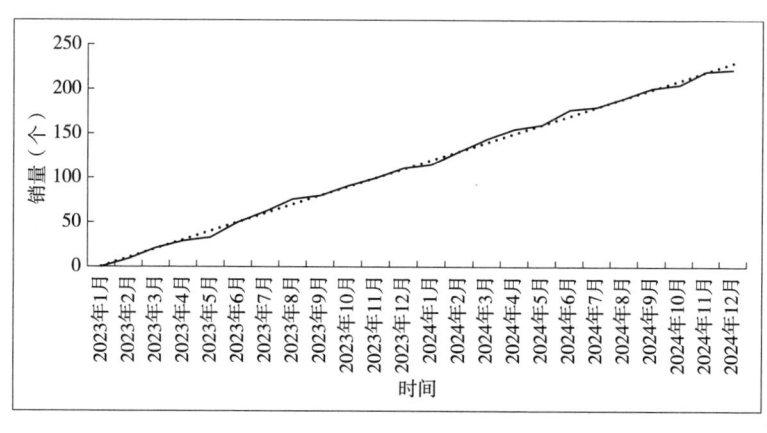

图 4.14　趋势性上升

如果我们较熟悉产品，可判断出某产品属于非季节性产品，销量一直呈上升趋势，可以不用观察一年，直接用趋势性的模型预测。

什么样的产品呈趋势性上升呢？比如某款新研发的产品，竞品少甚至没有，该产品既受顾客的喜爱，又是生活中的刚需，那么这款产品的销量就会持续地上升。

🚢 1884 年，英国到处建工厂，巨大的烟囱排出，烟尘和污物遍布各大城市。人们突然发现要费很大劲儿才能让自己和衣着保持清洁。甚至每周都要花一整天的时间去洗衣服，清洗过程极其烦琐。先烧开水加肥皂，在整桶热水里上下搅动一次，弄得到处都是水后才进行清洗，这种肥皂及洗衣方式对家庭主妇来说十分辛苦。

联合利华发现了这个商机，发明了一款容易起泡、清洁力强、味道较好闻的肥皂，取名为"阳光"。该肥皂不但可以减轻妇女洗衣日的劳累，还能使她们保持年轻的容貌，由于该肥皂清洁力强、体积小、使用方便，减少了人们很多精力，受到了人们的欢迎。该肥皂的销量持续上升，仅仅四年时间，"阳光"肥皂年产量便达到了 14 000 吨。

像这种日常用品销量持续上升，在预测时建议用趋势性的模型做预测，可以避免备货过少导致断货，出现供不应求的情况。

除了刚才所说的销量呈趋势性上升外，还有一种情况，就是销量呈趋势性下降。

什么时候呈趋势性下降呢？在产品不满足用户的需求，又或者有其他更好的竞品出现时，就会呈现趋势性下降，如图 4.15 所示。

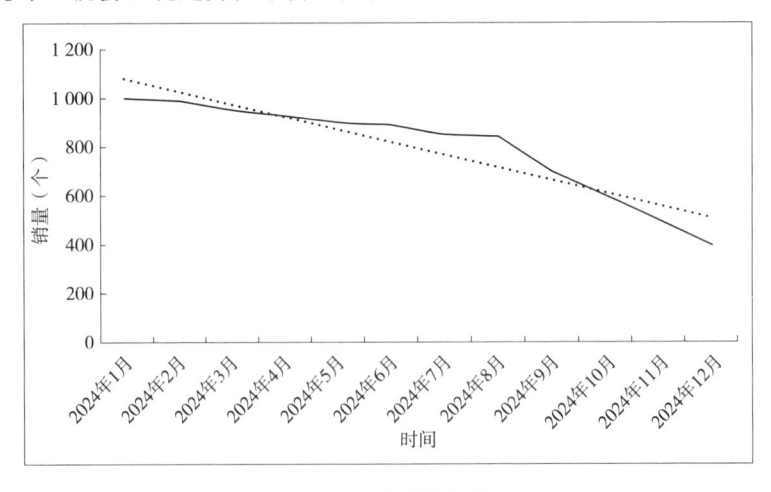

图 4.15 趋势性下降

🚢 1957 年，福特汽车埃德赛尔系列是史上最具灾难性的产品判断失误事件之一。当时的福特为了打压竞争对手克莱斯勒和通用汽车，生产了埃德塞尔系列，然而该产品过于注重外在或者目的性，失去了原本的坚固、耐用等品质保障，虽然该产品一开始面向市场时确实带来了一些收益,赢得了部分市场份额。但是,当人们使用之后发现该汽车华而不实,不能满足人们的需求,甚至对该产品不满,导致人们对福特失去了信任,销量一直呈趋势性下降,市场几度崩溃。

正常情况下,当发现产品销量下降的时候,后面就应该减少生产汽车的数量,可以用趋势性的模型做预测,预估按照现在销量下降的趋势判断未来几个月大概的销量,避免产品过度生产造成成本的损失,同时库存车放置的时间越长越贬值。因为有一些库存车可能放置在户外,长期遭受暴晒,这会使其漆面老旧或是破损。一台新车在出厂之后,电子元件、各类油液、电瓶、橡胶密封件因为长时间停放,没有进行定期的周期检测及维修,可能会出现老化、受潮或是腐蚀等情况。除了减少生产,还要及时找到销量下降的原因,作出优化。如果出现亏损严重则要停产。

当时福特的销量已经下降好长一段时间,公司也出现亏损,福特马上停止生产该系列汽车,并且作出调整方案,调整自己的信念,以消费者为中心,推出新的车型,并招揽老客户,最终赢回口碑,1年后再次获取市场份额。

除了上述所讲的情况外,并不是每个销量下降的趋势都要做预测,对于跨境电商而言,当产品的生命周期走向衰退的时候,销量就会持续下降,这时候运营人员就应停止对该产品做预测,不再补货,把库存卖完为止,若实在卖不出去就做清仓[①]处理。

4.2.2 预测方法的选择

本节主要讲解四种时间序列趋势性的预测模型原理、使用方法及实用案例,分别是线性回归法、加权移动平均法、二次指数平滑法和差分整合移动平均自回归模型(ARIMA)。

1. 线性回归法

线性回归法是通过自变量 x 的变动影响到因变量 y 的回归模型,线性回归分为一元线性回归法和多元线性回归法,本节只介绍一元线性回归法。

---

① 这里指的清仓不是指卖给用户,而是回收产品,因为货在海外仓,退回来会产生运费,不退会积压产品产生库存费用,这时候要考虑运费和成本,选择某些不值得退回来的货物回收,也是减少损失的一种方法。

1）定义

一元线性回归分析预测法，只有一个自变量 x 和一个因变量 y，根据自变量 x 和因变量 y 的相关关系（这里包含正相关和负相关，正相关是随着 x 值越大，y 值也越大，负相关是随着 x 值越大，y 值越小），建立 x 与 y 的线性回归方程进行预测的方法，如图 4.16 所示。根据时间的推移，数值越来越大，时间和数值呈正相关关系，同时数值的趋势会在一条线上，这种线性关系可用一元线性回归的方法。

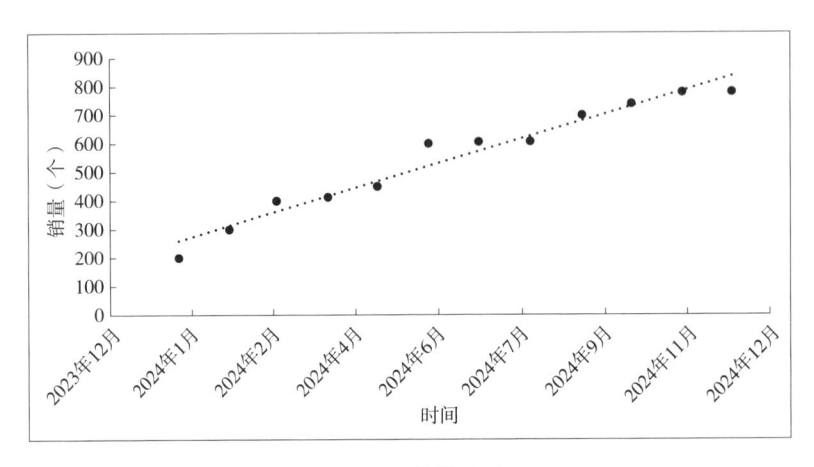

图 4.16 线性关系

2）计算方式

$y=ax+b$，其中 y 是因变量；x 是自变量；a 是斜率；b 是截距。

除了公式外，这里还要用 R^2 来判断该模型的拟合效果，在第 3 章已讲过，R^2 的取值在 0～1 之间，当 R^2 越大时拟合效果越好，可以用该模型预测。

3）案例

【案例背景】表 4.7 是某电商平台的广告费用，以及公司产品年收入的数据，计划 2025 年 1 月份投入 1 000 万元广告费用，预测 2025 年年收入能达到多少万元。

表 4.7 广告费用及年收入

时　　间	广告费用（万元）	销售收入（万元）
2024 年 1 月	430	3 195
2024 年 2 月	240	1 675
2024 年 3 月	160	753
2024 年 4 月	390	1 942
2024 年 5 月	130	673
2024 年 6 月	410	2 395
2024 年 7 月	200	1 276

续上表

时间	广告费用（万元）	销售收入（万元）
2024 年 8 月	175	1 691
2024 年 9 月	510	2 580
2024 年 10 月	340	1 339
2024 年 11 月	580	3 627
2024 年 12 月	360	1 907
2025 年 1 月	1 000	?

【数据分析】将表 4.7 中的数据做一个散点图，从中查看数据之间的关系，如图 4.17 所示。x 轴是广告费用，y 轴是销售收入，添加趋势线后可以看到广告费用越高，销售收入也越高，呈正相关关系，这时候就适合用线性回归做预测。

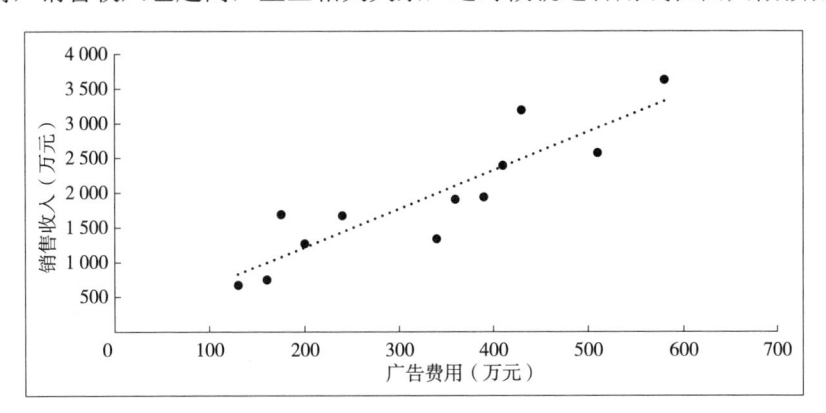

图 4.17　销售收入

【计算过程】本案例用 Excel 自带的功能计算，由于第 5 章会详细讲到有关采用 Excel 进行预测的方法及实操步骤，所以这一步先省略过程，直接得出公式和 R^2 如图 4.18 所示。

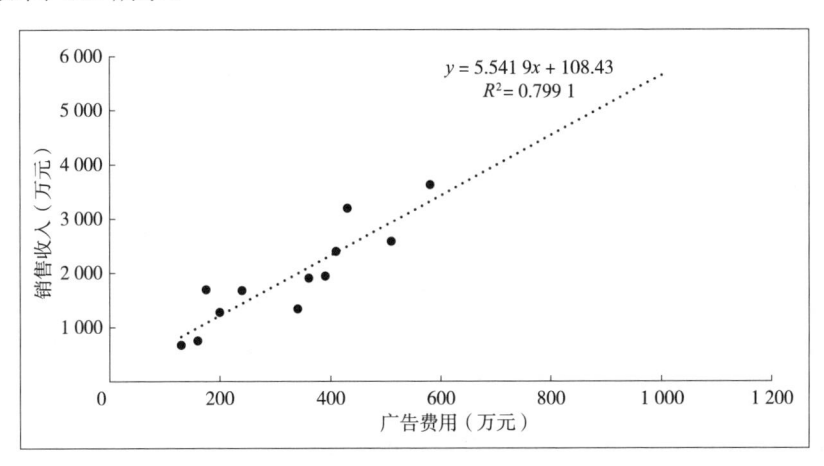

$y = 5.541\ 9x + 108.43$
$R^2 = 0.799\ 1$

图 4.18　一元线性回归预测

可以看到 R^2 为 0.799 1，模型拟合效果较好，该数据可以用线性回归法做预测，将 1 000 代入公式，如图 4.19 所示。

时间	广告费用（万元）	销售收入（万元）
2024年1月	430	3 195
2024年2月	240	1 675
2024年3月	160	753
2024年4月	390	1 942
2024年5月	130	673
2024年6月	410	2 395
2024年7月	200	1 276
2024年8月	175	1 691
2024年9月	510	2 580
2024年10月	340	1 339
2024年11月	580	3 627
2024年12月	360	1 907
2025年1月	1 000	=5.541 9×1 000+108.43

图 4.19　线性回归预测方法

【得出结果】预测投入 1 000 万元广告费用得到的销售收入为 5 650.33 万元，如图 4.20 所示。

时间	广告费用（万元）	销售收入（万元）
2024年1月	430	3 195
2024年2月	240	1 675
2024年3月	160	753
2024年4月	390	1 942
2024年5月	130	673
2024年6月	410	2 395
2024年7月	200	1 276
2024年8月	175	1 691
2024年9月	510	2 580
2024年10月	340	1 339
2024年11月	580	3 627
2024年12月	360	1 907
2025年1月	1000	5 650

图 4.20　预测结果

2. 加权移动平均法

加权移动平均法，是给每个数据赋予一定的权重计算出的平均值。

1）定义

加权移动平均法，是对观察值分别给予不同的权数，按不同权数求得移动平均值，并以最后的移动平均值为基础，确定预测值的方法。采用加权移动平均法，是因为观察期的近期观察值对预测值有较大影响，它更能反映近期市场变化的趋势。所以，对于接近预测期的观察值给予较大权数值，对于距离预测期较远的观察值则相应给予较小的权数值，以不同的权数值调节各观察值对预测值所起的作用，使预测值能够更近似地反映市场未来的发展趋势。

2）计算方式

（数值1×权重1+数值2×权重2+…+数值n×权重n）÷（1+2+…+n）

3）例子

【案例背景】现有某商场2024年1～9月实际销售额数据，见表4.8。需预测10月销售额数据，以便给各公司主管设定10月目标。

表4.8 销售数据

时间	销售额（万元）
2024年1月	8 909
2024年2月	8 155
2024年3月	7 182
2024年4月	7 963
2024年5月	8 659
2024年6月	6 936
2024年7月	7 436
2024年8月	6 899
2024年9月	8 157
2024年10月	?

【数据分析】

我们可以选择最近三个月的数据即7、8、9月，并且根据时间的长短分别赋予1、2、3月的权重。

【计算过程】（7 436×1+6 899×2+8 157×3）÷（1+2+3）

【得出结果】7 617.50

3. 二次指数平滑法（Holt）

1）定义

二次指数平滑法是指在简单指数平滑的基础上再平滑一次，适用于线性趋势的时间序列。

2）计算方式

给定平滑系数α，那么二次指数平滑的计算公式为

$$\begin{cases} S_t^{(1)} = \alpha x_t + (1-\alpha) S_{t-1}^{(1)} \\ S_t^{(2)} = \alpha S_t^{(1)} + (1-\alpha) S_{t-1}^{(2)} \end{cases}$$

预测未来 T 期的值 x_{t+T} 的计算公式为

$$x_{t+T} = a_t + b_t T, \quad T=1, 2, \cdots$$

其中

$$\begin{cases} a_t = 2S_t^{(1)} - S_t^{(2)} \\ b_t = \dfrac{\alpha}{1-\alpha}(S_t^{(1)} - S_t^{(2)}) \end{cases}$$

式中，$S_t^{(1)}$ 表示一次指数的平滑值；$S_t^{(2)}$ 表示二次指数的平滑值。

3）案例

【案例背景】某品牌肥皂 2024 年的销量趋势，见表 4.9。现需要根据 2024 年全年销量，预测出 2025 年 1～3 月的销量。

表 4.9　2024 年的销量

时间	销量（块）
2024 年 1 月	11 002
2024 年 2 月	12 778
2024 年 3 月	12 789
2024 年 4 月	14 245
2024 年 5 月	15 879
2024 年 6 月	16 989
2024 年 7 月	17 907
2024 年 8 月	18 435
2024 年 9 月	19 567
2024 年 10 月	20 678
2024 年 11 月	21 898
2024 年 12 月	22 689
2025 年 1 月	?
2025 年 2 月	?
2025 年 3 月	?

【数据分析】先画出折线图看趋势，从图 4.21 中可以看出，该肥皂 2024 年的销量呈上涨趋势，因此可以用二次指数平滑法做预测。

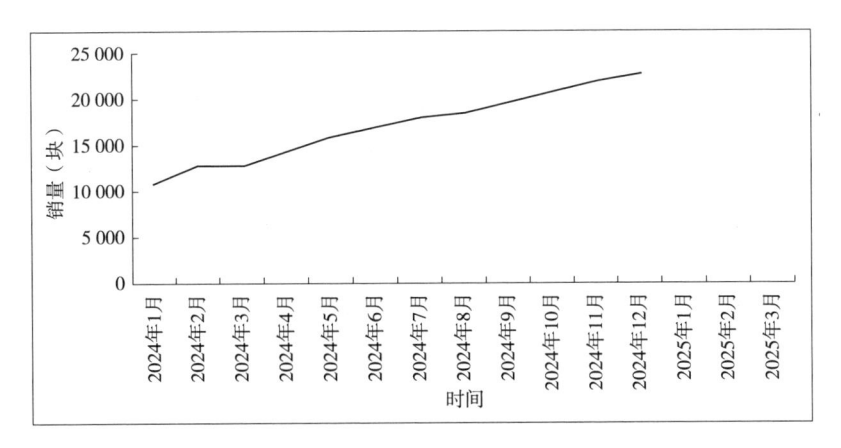

图 4.21　肥皂销量趋势

【计算过程】此次计算会用到 Python，第 5 章会具体介绍 Python 的使用方法，以及实操步骤和案例，所以此案例先省略操作过程。

【得出结果】得出的结果见表 4.10，从图 4.22 可以看出，预测的结果也呈上涨的趋势。

表 4.10　预测结果

时　　间	销量（块）
2024 年 1 月	11 002
2024 年 2 月	12 778
2024 年 3 月	12 789
2024 年 4 月	14 245
2024 年 5 月	15 879
2024 年 6 月	16 989
2024 年 7 月	17 907
2024 年 8 月	18 435
2024 年 9 月	19 567
2024 年 10 月	20 678
2024 年 11 月	21 898
2024 年 12 月	22 689

续上表

时间	销量（块）
2025年1月	23 889
2025年2月	25 037
2025年3月	26 239

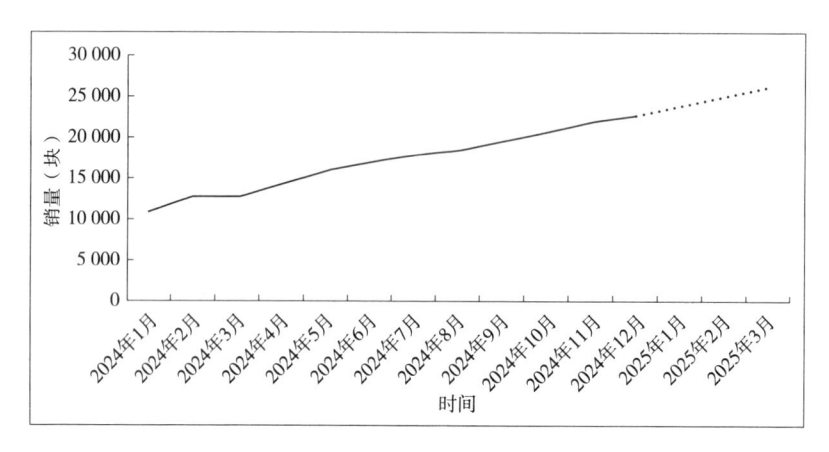

图 4.22　预测结果

4. 差分整合移动平均自回归模型（ARIMA）

1）定义

差分整合移动平均自回归模型（autoregressive integrated moving average model，简称 ARIMA），又称整合移动平均自回归模型（移动也可称作滑动），是一种基于时间序列的预测方法。它通过对时间序列的自相关性和差分操作进行建模，来预测未来的值。ARIMA（p，d，q）中，AR 是"自回归"，p 为自回归项数；MA 为"滑动平均"，q 为滑动平均项数，d 为使之成为平稳序列所做的差分次数（阶数）。自回归法指当前值与过去值之间的关系，差分是指对时间序列进行减法操作，移动平均法指当前值与过去误差的关系，ARIMA 模型的核心思想是通过对时间序列进行差分操作，将其转化为平稳时间序列，然后利用 AR 和 MA 模型来进行预测。ARIMA 模型可以预测未来的趋势和变化，从而指导我们做出更好的决策。

在实际应用中，ARIMA 模型可以用于预测金融市场的趋势、预测天气变化、预测销售额等，如图 4.23 所示。

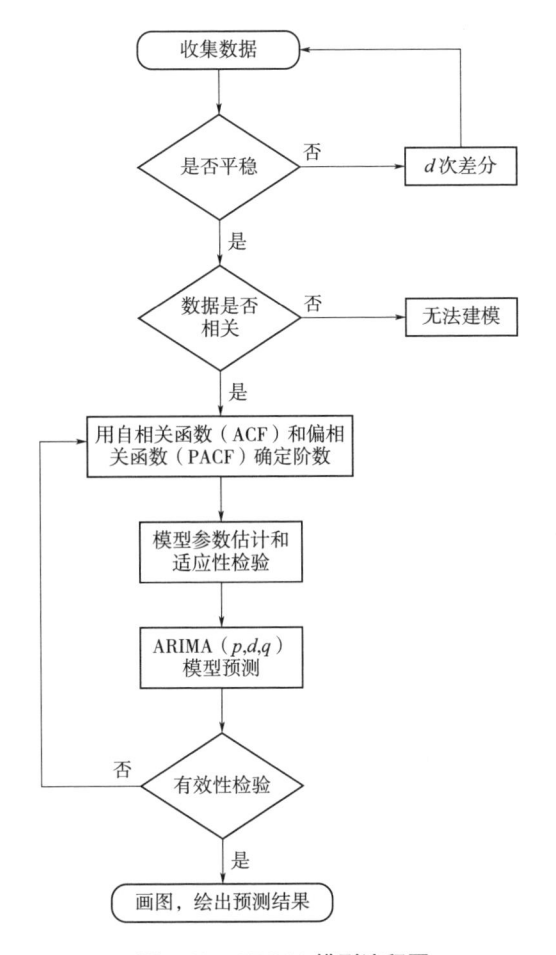

图 4.23　ARIMA 模型流程图

这个模型属于比较高阶的预测模型，对于非统计学或者非数学专业的读者来说比较难理解，不过这个模型比较好用，在实际运用中，大家只需要了解其含义，以及实际具体操作即可。

2）计算方式

非平稳时间序列，在消去其局部数据或者趋势之后，其显示出一定的同质性，也就是说，此时序列的某些部分与其他部分很相似。这种非平稳时间序列经过差分处理后可以转换为平稳时间序列，那称这样的时间序列为齐次非平稳时间序列，其中差分的次数就是齐次的阶。

将∇记为差分算子，那么有

$$\nabla^2 y_t = \nabla(y_t - y_{t-1}) = y_t - 2y_{t-1} + y_{t-2}$$

对于延迟算子 B，有

$$y_{t-p}=B^p y_t, \forall p \geq 1$$

因此可以得出

$$\nabla^k = (1-B)^k$$

设有 d 阶齐次非平稳时间序列 y_t，那么有 $\nabla^d y_t$ 是平稳时间序列，则可以设其为 ARMA（p，q）模型，即

$$\lambda(B)(\nabla^d y_t) = \theta(B)\varepsilon_t$$

其中 $\lambda(B)=1-\lambda_1 B-\lambda_2 B^2-\cdots-\lambda_p B^p$，$\theta(B)=1-\theta_1 B-\theta_2 B^2-\cdots-\theta_p B^p$ 分别为自回归系数多项式和滑动平均系数 - 多项式。ε_t 为零均值白噪声序列。可以称所设模型为自回归求和滑动平均模型，记为 ARIMA（p，d，q）。

ARIMA 模型的建立一般包括以下流程。

第一步：确定时间序列的平稳性。通过观察时间序列的均值、方差、自相关函数（ACF），和偏自相关函数（PACF）等指标，判断时间序列是否平稳。

第二步：确定 ARIMA 模型的参数。根据时间序列的平稳性，选择 ARIMA 模型的参数，包括自回归阶数（p）、差分阶数（d）和移动平均阶数（q）。

第三步：拟合 ARIMA 模型。根据选择的参数，拟合 ARIMA 模型，并进行模型检验，包括残差的自相关函数和偏自相关函数等指标。

第四步：预测未来值。利用拟合好的 ARIMA 模型，对未来的时间序列数据进行预测。总之，ARIMA 模型是一种常用的时间序列预测模型，它可以通过差分将非平稳时间序列转化为平稳时间序列，从而更容易进行预测。

3）案例

【案例背景】某产品 2022 年 1 月～2024 年 9 月的销售额，见表 4.11，现需要预测未来半年的销量。

表 4.11 销售额

时　　间	金额（元）
2022 年 1 月	151
2022 年 2 月	188.46

续上表

时间	金额（元）
2022 年 3 月	199.38
2022 年 4 月	219.75
2022 年 5 月	241.55
2022 年 6 月	262.58
2022 年 7 月	328.22
2022 年 8 月	396.26
2022 年 9 月	442.04
2022 年 10 月	517.77
2022 年 11 月	626.52
2022 年 12 月	717.08
2023 年 1 月	824.38
2023 年 2 月	913.38
2023 年 3 月	1 088.39
2023 年 4 月	1 325.83
2023 年 5 月	1 700.92
2023 年 6 月	2 109.38
2023 年 7 月	2 499.77
2023 年 8 月	2 856.47
2023 年 9 月	3 114.02
2023 年 10 月	3 229.29
2023 年 11 月	3 545.39
2023 年 12 月	3 880.53
2024 年 1 月	4 212.82
2024 年 2 月	4 757.85
2024 年 3 月	5 633.24
2024 年 4 月	6 590.19
2024 年 5 月	7 617.47
2024 年 6 月	9 333.4
2024 年 7 月	11 328.92
2024 年 8 月	12 961.1
2024 年 9 月	15 967.61

【数据分析】从图 4.24 中可以看出，历史数据较长，且销量一直处于上涨趋势，要预测 2024 年 10 月～2025 年 3 月的销量，可以用 ARIMA 进行预测。

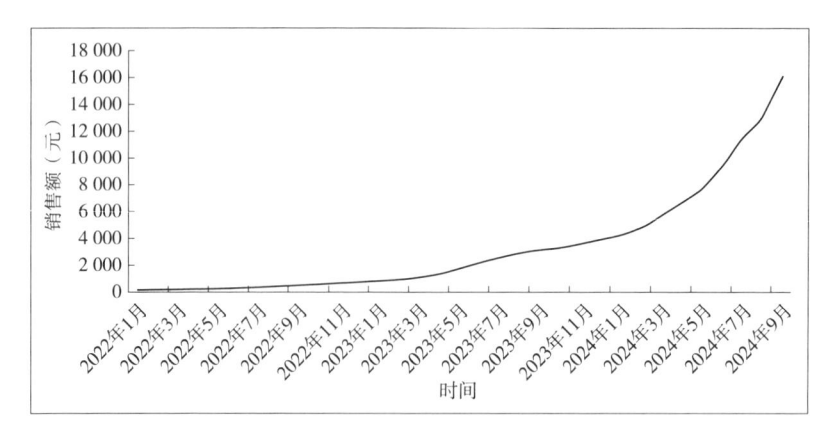

图 4.24　上涨趋势下的预测

【计算过程】本案例将使用到预测工具 SPSS，第 5 章会具体讲解此工具的使用与案例实操，所以这里略过操作工具和步骤，只显示建模步骤效果图。

（1）确定时间序列的平稳性。图 4.25 为自相关图，柱形图为系数，柱形图之间的上下两条线为置信度[①]的上限和下限，它们之间的范围叫作置信区间，如果柱形图都在置信区间里面，表示销量趋势比较平稳，在图 4.25 中可以看到有部分柱形图超出了置信区间，表示需要降差分，降差分的目的是使趋势平稳，如图 4.26 所示。

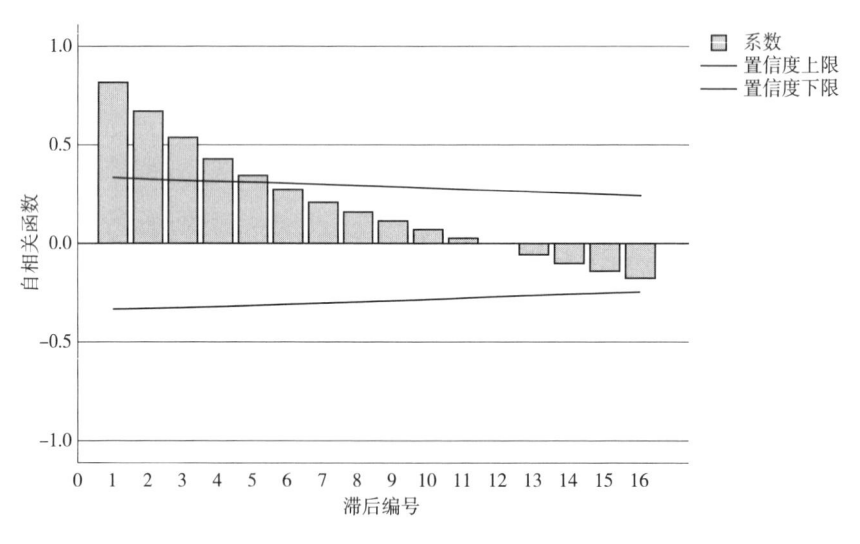

图 4.25　自相关图

---

① 置信度指对于一组数据或一种估计方法，我们对于其结果的准确程度的信心程度，也就是对于估计值的可靠性的度量。常见的置信度水平是 95% 或 99%。在统计学中，常常使用置信区间来描述一个估计值的范围，这个范围是一个随机变量，并且可以在一定程度上表示估计值的可靠程度。

（2）确定ARIMA模型的参数。由于销量趋势不平稳，这里选择差分阶数（d）为1，自回归阶数（p）和移动平均阶数（q）均为1，如图4.27所示。

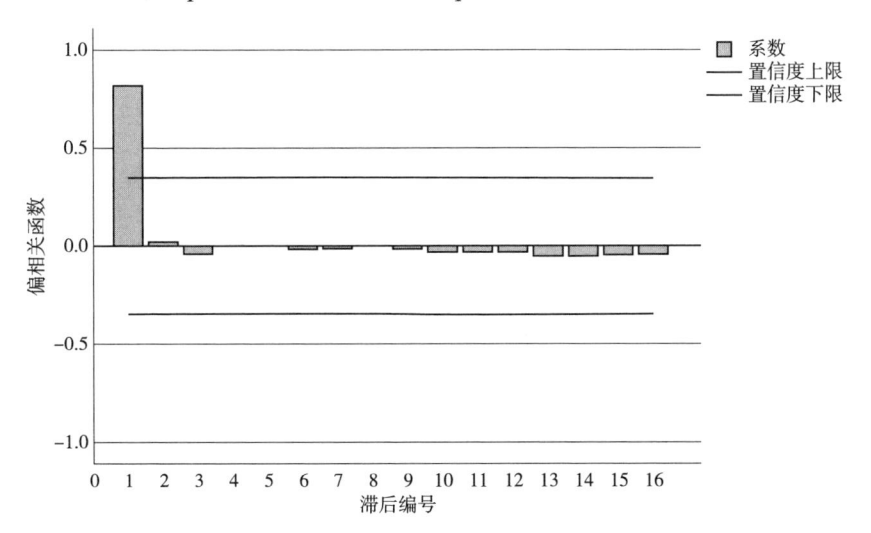

图4.26　降差分后图

模型描述			
			模型类型
模型 ID	sales	模型_1	ARIMA(1,1,1)(0,0,0)

ARIMA 模型参数						
				估算	标准误差	t	显著性
sales-模型_1	sales	自然对数	常量	.149	.014	10.942	.000
			AR　延迟 1	-.035	.345	-.100	.921
			差异	1			
			MA　延迟 1	-.594	.288	-2.062	.048

图4.27[①]　模型参数

（3）拟合ARIMA模型。从图4.28可以看到，模型拟合后R方为0.997，拟合效果比较好，图4.29是降差分后的自相关图和偏相关图，可见一次差分后数据都在置信区间内，趋势平稳。

模型拟合度											
							百分位数				
拟合统计	平均值	标准误差	最小值	最大值	5	10	25	50	75	90	95
平稳R方	.176	.	.176	.176	.176	.176	.176	.176	.176	.176	.176
R方	.997	.	.997	.997	.997	.997	.997	.997	.997	.997	.997
RMSE	247.676	.	247.676	247.676	247.676	247.676	247.676	247.676	247.676	247.676	247.676
MAPE	3.844	.	3.844	3.844	3.844	3.844	3.844	3.844	3.844	3.844	3.844
MaxAPE	13.227	.	13.227	13.227	13.227	13.227	13.227	13.227	13.227	13.227	13.227
MAE	115.460	.	115.460	115.460	115.460	115.460	115.460	115.460	115.460	115.460	115.460
MaxAE	1090.334	.	1090.334	1090.334	1090.334	1090.334	1090.334	1090.334	1090.334	1090.334	1090.334
正态化 BIC	11.349	.	11.349	11.349	11.349	11.349	11.349	11.349	11.349	11.349	11.349

图4.28　模型拟合度

---

① 图中数据格式为软件本身生成，为便于读者理解，全书此类情况未做修改。

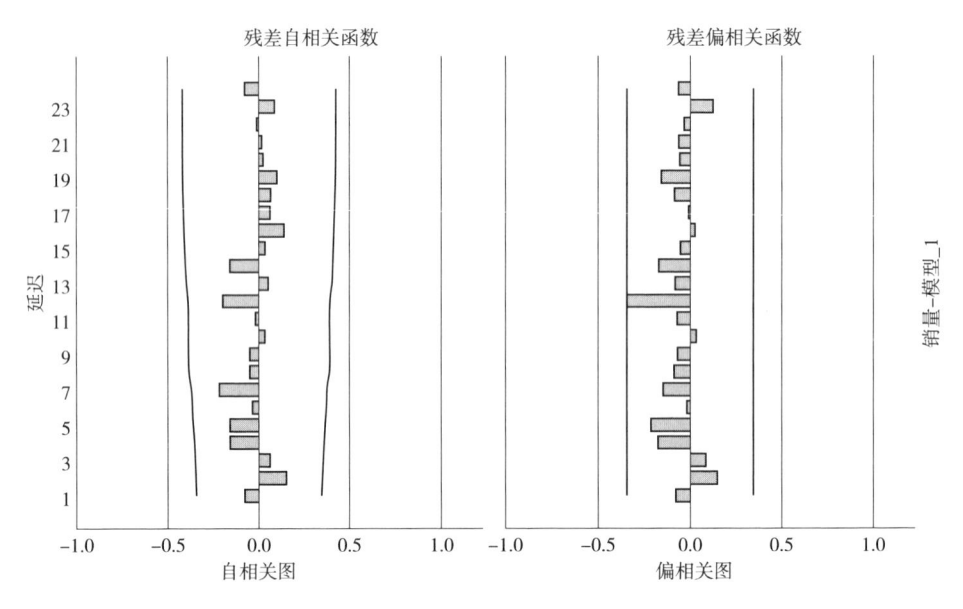

图 4.29　残差图

【得出结果】 图 4.30、图 4.31 为预测结果及趋势图，可以看到预测线的销量也是上涨的趋势，符合原有销量趋势。

模型		预测					
		十月 2024	十一月 2024	十二月 2024	一月 2025	二月 2025	三月 2025
销量-模型_1	预测	19 322.31	22 458.51	26 139.70	30 422.84	35 407.86	41 209.70
	UCL	21 387.88	27 053.74	33 243.12	40 403.61	48 794.86	58 676.25
	LCL	17 412.16	18 482.76	20 254.80	22 438.89	25 017.33	28 012.13

对于每个模型，预测从所请求估算期范围内的最后一个非缺失值之后开始，并结束于最后一个所有预测变量都有可用的非缺失值的周期，或者在所请求预测期的结束日期结束，以较早者为准。

图 4.30　预测结果

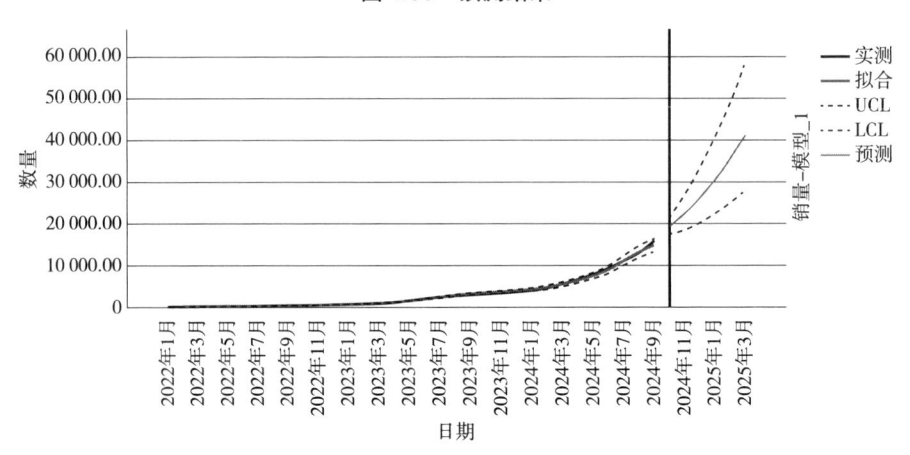

图 4.31　预测结果趋势

5. 总结

以上四种方法均适合销量上涨趋势的产品，其优缺点，见表 4.12。

表 4.12 趋势预测模型优缺点对比表

区别		线性回归法	加权移动平均法	二次指数平滑法	ARIMA 法
优点		简单易懂，计算速度快	不受异常值的影响	适合趋势性产品	可以处理大量数据
		易于解释	手动调参反映实际情况	易于解释	可以处理趋势、季节和周期性趋势
		量变化之间有相关性		短期预测较为准确	适合长期预测
缺点		只能预测直线趋势不利于有弧度趋势	非平稳或非线性数据的预测效果不佳	需要调整平滑系数	需要调参找到最佳参数
		不利于季节性趋势预测	长期趋势需要手动调整权重	容易受异常值影响	需要学习理解

总之，选择哪种预测方法取决于数据的性质和预测的时间范围。ARIMA 是一种强大的工具，可以处理各种时间序列模式，而加权移动平均和二次指数平滑则适用于数据具有趋势时。线性回归是一种简单的方法，可以用于模拟两个变量之间的关系，但可能不适用于复杂的数据或存在多个预测变量的情况。

4.2.3 案例：美妆类产品销量预测

【案例背景】某品牌粉底液销量，见表 4.13。现预计订购一批原材料生产，需要提前预测 2024 年 7～9 月的用量后再安排采购。

表 4.13 历史销量

时间	销量（瓶）
2023 年 1 月	11 002
2023 年 2 月	12 778
2023 年 3 月	12 789
2023 年 4 月	13 245
2023 年 5 月	13 579
2023 年 6 月	15 989
2023 年 7 月	17 907
2023 年 8 月	17 996

续上表

时间	销量（瓶）
2023 年 9 月	18 567
2023 年 10 月	18 678
2023 年 11 月	21 898
2023 年 12 月	21 689
2024 年 1 月	23 913
2024 年 2 月	23 966
2024 年 3 月	25 018
2024 年 4 月	27 071
2024 年 5 月	27 124
2024 年 6 月	29 177
2024 年 7 月	?
2024 年 8 月	?
2024 年 9 月	?

【数据分析】该粉底液 2023 年 1 月～2024 年 6 月的销量一直呈上涨趋势，如图 4.32 所示。预测时间较短，可以用二次指数平滑法进行预测。

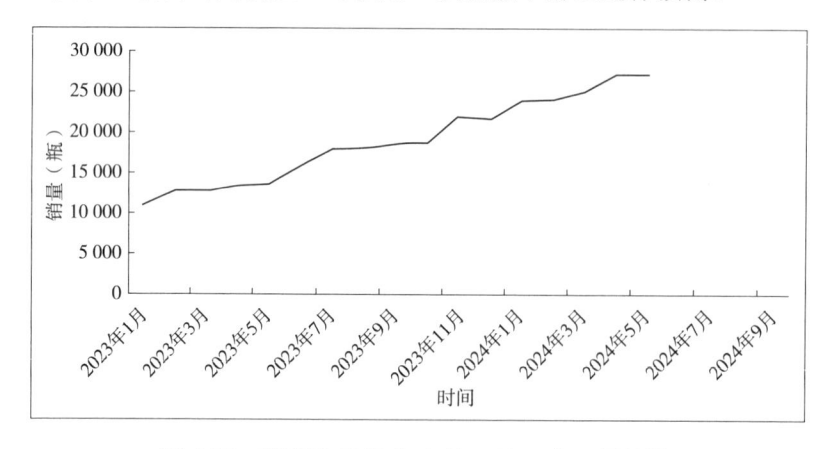

图 4.32　粉底液 2023 年 1 月～2024 年 6 月销量

【计算过程】该方法将用到 SPSS 工具，且 SPSS 有自行查找最优平滑系数的功能，不用手动设置几组平滑系数作对比，第 5 章会具体介绍此操作，此处的计算过程省略。

【得出结果】得出的结果见表 4.14。从图 4.33 可以看出，预测的结果也呈上涨的趋势，可以按照此预测结果下单采购。

表 4.14　预测结果

时　间	销量（瓶）
2023 年 1 月	11 002
2023 年 2 月	12 778
2023 年 3 月	12 789
2023 年 4 月	13 245
2023 年 5 月	13 579
2023 年 6 月	15 989
2023 年 7 月	17 907
2023 年 8 月	17 996
2023 年 9 月	18 567
2023 年 10 月	18 678
2023 年 11 月	21 898
2023 年 12 月	21 689
2024 年 1 月	23 913
2024 年 2 月	23 966
2024 年 3 月	25 018
2024 年 4 月	27 071
2024 年 5 月	27 124
2024 年 6 月	29 177
2024 年 7 月	30 359
2024 年 8 月	31 701
2024 年 9 月	33 103

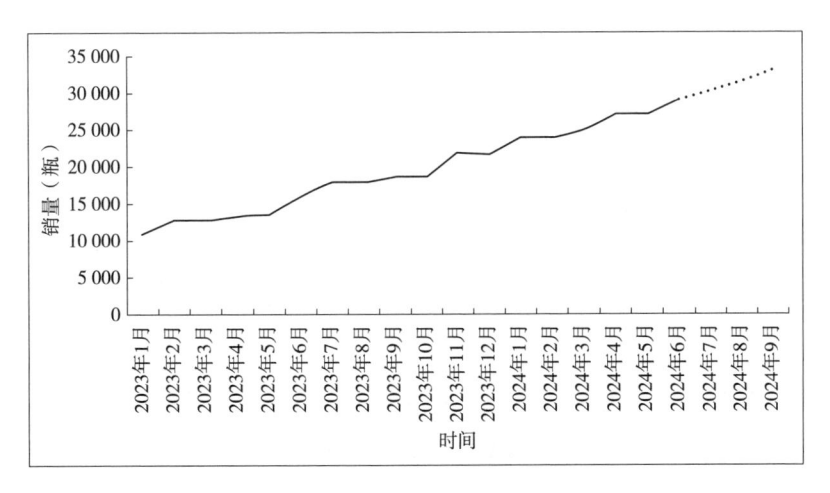

图 4.33　预测结果

4.3 销量呈季节性产品的预测

4.3.1 什么是销量呈季节性产品

季节性的产品会随着时间的增长产生规律性的变化趋势,如图 4.34 所示。是历时两年的销量趋势,可以发现每到 6~10 月就会出现高峰,可以理解为产品旺季,11 月~次年 3 月是销量的最低值,可以理解为产品淡季,比如夏季的衣服、游泳圈、喷水枪,这些产品都是夏季旺季的产品。还有一种是节日标志非常强的产品,比如一年一度的端午节、春节的装饰品,该产品除了节日前销量大增,其他时间段销量都是比较低的。这种便属于季节性产品。

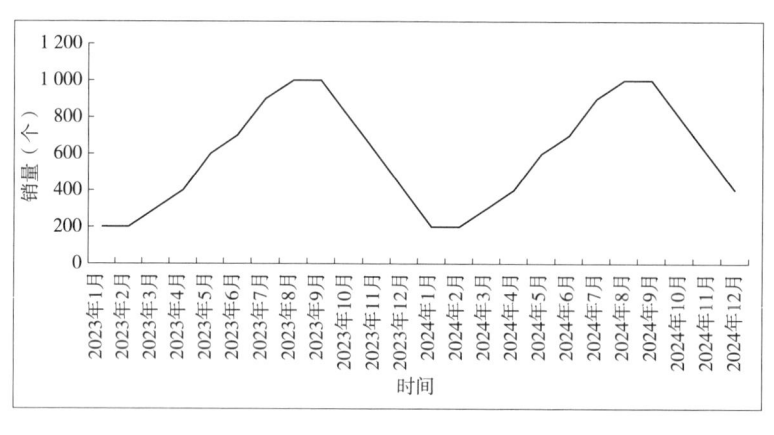

图 4.34 季节性趋势

4.3.2 预测方法的选择

季节性产品的预测方法跟之前的不一样,要考虑趋势的波动,所以在预测中我们要找能识别出历史波动趋势的模型,而且历史时间要长达一年以上,这样才能更好地发现一年中的规律,如果时间只有 9 个月,要预测 10~12 月的数据是不对的,因为 10~12 月还没发生,没有历史数据呈现该销量趋势,所以预测不准确。

下面针对季节性产品分别讲述业务预测法、三次指数平滑法和周期性自回归差分移动平均模型(简称 SARIMA)的原理和案例。

1. 业务预测法

1）定义

业务预测法一般适合于零售行业等季节性很强的行业，它先计算历史几年的数据中每个月销量与当年的总值占比，再用加权平均法求出预测月份的占比权重，再计算结果。此方法计算较为简单，下面直接用案例来说明计算方法。

2）案例

【案例背景】现有某商场 2024 年 1～7 月实际销售额数据，需要预测 8 月销售额数据，以便各级主管设定 8 月销售目标，如图 4.35 所示。

单位：万元	1月	2月	3月	4月	5月	6月	7月	8月	9月	10月	11月	12月	合计
2021年	8 618	7 541	6 015	7 188	7 633	5 833	6 555	6 477	7 333	8 323	8 799	9 422	89 737
2022年	9 348	7 666	6 544	7 666	7 853	6 264	7 633	6 833	7 944	8 598	8 411	9 627	94 387
2023年	10 078	7 244	7 283	7 999	8 188	6 477	6 665	7 144	7 923	8 663	8 946	9 511	96 121
2024年	8 901	8 166	7 183	7 964	8 657	6 937	7 433						

图 4.35　某产品销售额数据

【数据分析】从数据的趋势图（图 4.36）可以看出，商场每年的趋势是一样的，1 月、5 月、12 月是旺季，其他时间是淡季，我们可以根据规律用业务预测法做预测。

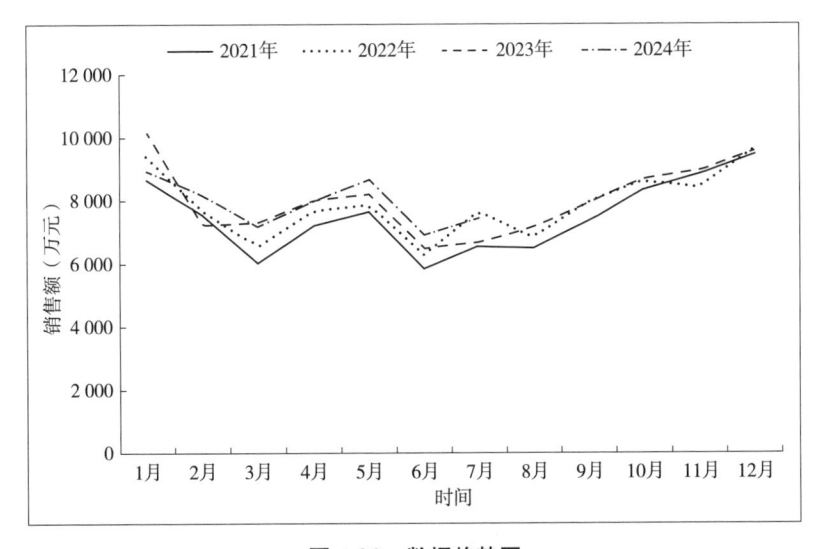

图 4.36　数据趋势图

【计算过程】第一步：先找历史数据的规律。这个规律就是每月销售额比重；其中 2022 年是前三年月销售额百分比的加权平均值。

（1）计算 2021、2022、2023 年每个月份占全年的比重。2023 年 1 月销售额比重 =1 月的销售额 ÷ 当年的销售额 =8 618÷89 737×100%=9.6%，其他时间依次类推求出所有月份的占比，如图 4.37 所示。

单位：万元	1月	2月	3月	4月	5月	6月	7月	8月	9月	10月	11月	12月
2021年	9.60%	8.40%	6.70%	8.01%	8.51%	6.50%	7.30%	7.22%	8.17%	9.27%	9.81%	10.50%
2022年	9.90%	8.12%	6.93%	8.12%	8.32%	6.64%	8.09%	7.24%	8.42%	9.11%	8.91%	10.20%
2023年	10.48%	7.54%	7.58%	8.32%	8.52%	6.74%	6.93%	7.43%	8.24%	9.01%	9.31%	9.89%

图 4.37　销售额比重

（2）预估 2024 年每月的销售额比重。给 2021、2022、2023 年分别赋 1 月、2 月、3 月的权重，然后计算出 2024 年每个月份的占比。

如：2024 年 1 月的占比 =（2021 年 1 月 ×1+2022 年 1 月 ×2+2023 年 1 月 ×3）÷（1+2+3）=（9.6×1+9.9×2+10.48×3）÷6×100%=10.14%

其他的月份依次类推，得出以下结果，如图 4.38 所示。

	权重	1月	2月	3月	4月	5月	6月	7月	8月	9月	10月	11月	12月
2021年	1	9.60%	8.40%	6.70%	8.01%	8.51%	6.50%	7.30%	7.22%	8.17%	9.27%	9.81%	10.50%
2022年	2	9.90%	8.12%	6.93%	8.12%	8.32%	6.64%	8.09%	7.24%	8.42%	9.11%	8.91%	10.20%
2023年	3	10.48%	7.54%	7.58%	8.32%	8.52%	6.74%	6.93%	7.43%	8.24%	9.01%	9.31%	9.89%
2024年	预估	10.14%	7.88%	7.22%	8.20%	8.45%	6.66%	7.38%	7.33%	8.29%	9.09%	9.26%	10.10%

图 4.38　预估 2024 年销售额比重

第二步：预测全年销售额，将 1 ～ 7 月的预估占比相加，得出 1 ～ 7 月的销售额占全年的 55.93%，全年的销售额 =1 ～ 7 月实际的销售额 ÷1 ～ 7 月的销售额占比 =55 241÷55.93%≈98759。

第三步：计算 8 月的销售额 =8 月的预估比重 × 全年销售额 =7.33%×98759≈7241.23。

【得出结果】由于线条太多不好观察，此处只看 2023 年和 2024 年的趋势线，可以看到预测的结果与历史趋势相似，如图 4.39、图 4.40 所示。

单位：万元	1月	2月	3月	4月	5月	6月	7月	8月	9月	10月	11月	12月	合计
2021年	8 618	7 541	6 015	7 188	7 633	5 833	6 555	6 477	7 333	8 323	8 799	9 422	89 737
2022年	9 348	7 666	6 544	7 666	7 853	6 264	7 633	6 833	7 944	8 598	8 411	9 627	94 387
2023年	10 078	7 244	7 283	7 999	8 188	6 477	6 665	7 144	7 923	8 663	8 946	9 511	96 121
2024年	8 901	8 166	7 183	7 964	8 657	6 937	7 433	7 241.23					

图 4.39　预测结果

一般来说，利用上面三个步骤做零售预测基本就可以了，在实际业务过程中，影响每月销售额比重的因素还有：1 月～ 2 月的春节因素。这些差异性在上面计算规律的方法中没有被体现出来。解决方法：可以将 1 月和 2 月合并起来计算销售比重，以考虑春节因素所带来的影响。

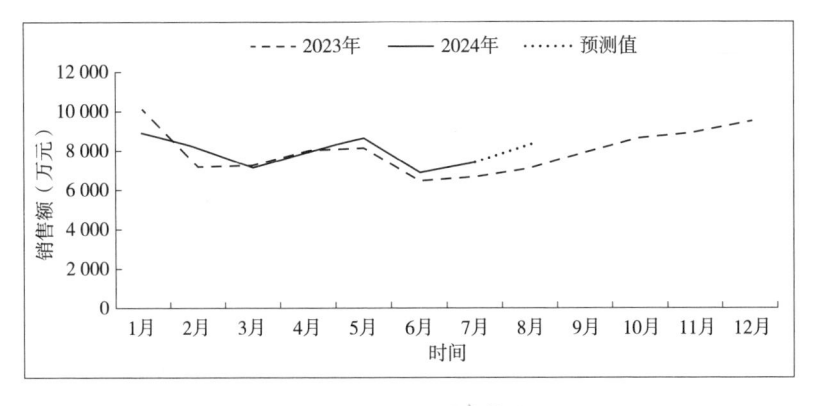

图 4.40　预测趋势

2. 三次指数平滑法（Holt-Winters）

1）定义

三次指数平滑法，又称 Holt-Winters 方法，是一种经典的时间序列预测方法，它可以对数据的趋势和季节性进行建模。

Holt-Winters 方法利用三个系数，即平滑系数 α、趋势系数 β 和季节系数 γ，对原始数据进行平滑处理，同时建立一个包含趋势和季节成分的模型，从而对未来数据进行预测。

该方法可以用于对季节性和趋势性较强的数据进行预测，但需要注意数据的稳定性和周期性。其优点在于能够较好地捕捉趋势和季节性，并且可以对未来多个时间点进行预测。

在三次指数平滑中，预测值由三部分组成：趋势、季节性和周期性。它又分乘法模型和加法模型。

乘法模型假定季节性和趋势是相互独立的，预测值是趋势乘以季节性和周期性的乘积。这种模型适用于季节性波动幅度与趋势大小相对应的情况，例如季节性波动幅度随着趋势增大而增大。

加法模型则假定季节性和趋势是相互叠加的，预测值是趋势加上季节性和周期性的和。这种模型适用于季节性波动幅度相对稳定的情况，例如季节性波动幅度不随趋势的变化而发生显著的变化。

2）计算方式

三次指数平滑预测是二次指数平滑基础上的再平滑。

给定平滑系数 α，那么三次指数平滑的计算公式为

$$\begin{cases} S_t^{(1)} = \alpha x_t + (1-\alpha) S_{t-1}^{(1)} \\ S_t^{(2)} = \alpha S_t^{(1)} + (1-\alpha) S_{t-1}^{(2)} \\ S_t^{(3)} = \alpha S_t^{(2)} + (1-\alpha) S_{t-1}^{(3)} \end{cases}$$

式中，$S_t^{(3)}$ 表示三次指数的平滑值。预测未来 T 期的值 X_{t+T} 的计算公式为

$$x_{t+T} = a_t + b_t T + c_t T^2, \quad T = 1, 2, \cdots$$

其中

$$\begin{cases} a_t = 3S_t^{(1)} - 3S_t^{(2)} + S_t^{(3)} \\ b_t = \dfrac{\alpha}{2(1-\alpha)^2} [(6-5\alpha) S_t^{(1)} - 2(5-4\alpha) S_t^{(2)} + (4-3\alpha) S_t^{(3)}] \\ c_t = \dfrac{\alpha^2}{2(1-\alpha)^2} [S_t^{(1)} - 2S_t^{(2)} + S_t^{(3)}] \end{cases}$$

3）案例

【案例背景】游泳圈在 2023 年、2024 年的销售额见表 4.15。现需要预测 2025 年第一季度的销售额。

表 4.15　销售数据

时　　间	销售额（元）
2023 年 1 月	17 878
2023 年 2 月	10 787
2023 年 3 月	17 783
2023 年 4 月	17 890
2023 年 5 月	27 677
2023 年 6 月	40 878
2023 年 7 月	46 768
2023 年 8 月	58 788
2023 年 9 月	58 787
2023 年 10 月	48 789
2023 年 11 月	27 677
2023 年 12 月	18 053

续上表

时　　间	销售额（元）
2024 年 1 月	17 890
2024 年 2 月	9 088
2024 年 3 月	16 898
2024 年 4 月	17 890
2024 年 5 月	25 880
2024 年 6 月	38 909
2024 年 7 月	42 889
2024 年 8 月	55 887
2024 年 9 月	57 888
2024 年 10 月	47 456
2024 年 11 月	29 767
2024 年 12 月	16 988

【数据分析】从图 4.41 趋势图可以看到游泳圈的销售规律，夏天 7～10 月是旺季，其余时间是淡季，预测 2025 年 1~3 月时间较短，可以用三次指数平滑法预测。

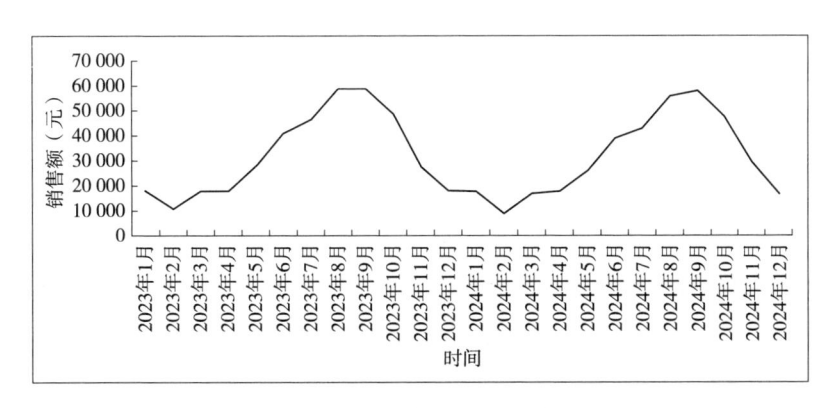

图 4.41　游泳圈销售额趋势

【计算过程】此处将用到 SPSS 工具，第 5 章会具体介绍，这里暂时忽略。

【得出结果】如图 4.42 所示，得出拟合 R 方是 0.997，拟合程度较高，再看预测趋势，符合前两年的规律，具有季节性。

模型统计

模型	预测变量数	模型拟合度统计 平稳 R 方	R 方	杨-博克斯 Q(18) 统计	DF	显著性	离群值数
销售额-模型_1	0	.592	.997	19.243	15	.203	0

预测

模型		一月 2025	二月 2025	三月 2025
销售额-模型_1	预测	17 092	9 314	16 693
	UCL	19 184	11 415	18 921
	LCL	15 000	7 213	14 464

对于每个模型，预测从所请求估算期范围内的最后一个非缺失值之后开始，并结束于最后一个所有预测变量都有可用的非缺失值的周期，或在所请求预测期的结束日期结束，以较早者为准。

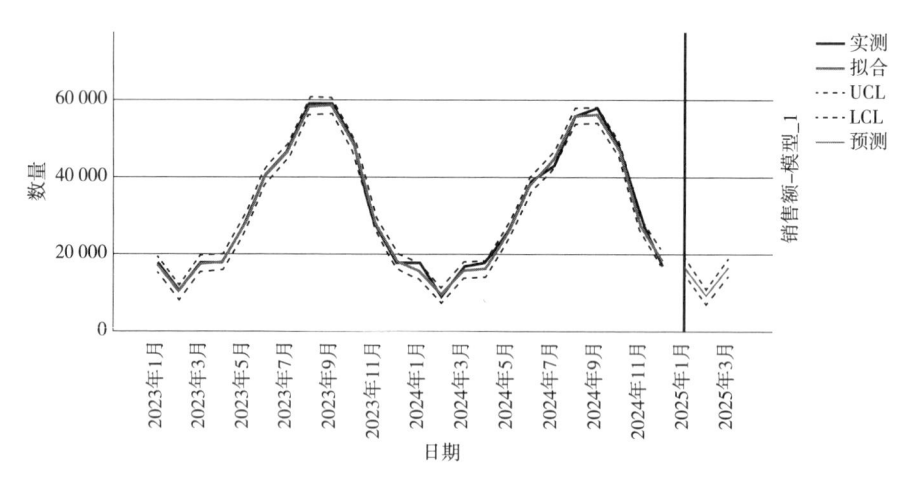

图 4.42　三次指数平滑预测结果

3. SARIMA

1）定义

SARIMA 模型（seasonal autoregressive integrated moving average，简称 SARIMA）是 ARIMA 模型的一种扩展，用于处理具有季节性的时间序列数据。与 ARIMA 模型类似，SARIMA 模型也可以用来预测未来的时间序列值。

【计算方式】SARIMA 模型的计算原理可以分为三部分：季节性调整、差分，以及建模与预测。

第一步，需要对时间序列进行季节性调整，即将时间序列数据转化为平稳的数据。这可以通过计算时间序列在季节性周期内的平均值，并将原始时间序列值除以这个平均值来实现。这样，得到的新时间序列在季节性周期内是平稳的。

第二步，需要对平稳的时间序列进行差分处理，以消除时间序列中的趋势和季节性。差分处理是指计算相邻时间点之间的差值，从而得到一组新的时间序列，其中每个时间点的值表示与前一个时间点的差值。如果进行了多次差分处理，可以将时间序列转化为平稳的数据。

第三步，需要对差分后的时间序列建模和预测。建模部分包括确定模型的参数和阶数，可以通过观察自相关图和偏自相关图来实现。预测部分可以使用模型来预测未来的时间序列值，通常使用的是递归预测方法，即根据已知的时间序列值预测未来的值，并将预测值作为新的已知值再次预测未来的值。

总的来说，SARIMA 模型通过季节性调整、差分、建模和预测等步骤来处理具有季节性的时间序列数据，可以有效地消除时间序列中的趋势和季节性，并且具有较好的预测性能。

ARIMA 与 SARIMA 的区别。ARIMA 是一种常见的时间序列预测模型，它通过自回归和移动平均模型来描述时间序列数据的特征，并通过差分来消除非平稳性。ARIMA 模型适用于没有季节性的时间序列数据。

SARIMA 是 ARIMA 模型的一种扩展，它增加了季节性因素的考虑。SARIMA 模型中，除了包含 ARIMA 模型中的自回归、差分和移动平均部分，还加入了季节性自回归、季节性差分和季节性移动平均部分，以对季节性时间序列数据进行建模和预测。

在季节性时间序列预测问题中，SARIMA 模型通常比 ARIMA 模型更适合。因为季节性因素是影响季节性时间序列的一个重要特征，忽略季节性因素会导致模型预测效果较差。例如，考虑到销售额在某些月份会增加，因此在预测销售额时需要考虑季节性因素，而这正是 SARIMA 模型的优势所在。

2）案例

【案例背景】某品牌暖水袋在 2022 年 1 月～2024 年 9 月的销量见表 4.16。现需要根据历史销量数据预测 2024 年 10～12 月的销量并安排进货。

表 4.16 销量数据

时　　间	销量（个）
2022 年 1 月	588 809
2022 年 2 月	377 667
2022 年 3 月	276 766
2022 年 4 月	176 768
2022 年 5 月	97 867
2022 年 6 月	89 777
2022 年 7 月	17 878
2022 年 8 月	16 898
2022 年 9 月	376 749
2022 年 10 月	487 789
2022 年 11 月	587 437
2022 年 12 月	688 900
2023 年 1 月	598 809
2023 年 2 月	387 667
2023 年 3 月	256 766
2023 年 4 月	186 768
2023 年 5 月	99 867
2023 年 6 月	86 777
2023 年 7 月	16 878
2023 年 8 月	15 898
2023 年 9 月	396 749
2023 年 10 月	457 789
2023 年 11 月	597 437
2023 年 12 月	658 900
2024 年 1 月	578 809
2024 年 2 月	307 667
2024 年 3 月	286 766
2024 年 4 月	166 768
2024 年 5 月	96 867
2024 年 6 月	85 777
2024 年 7 月	19 878
2024 年 8 月	13 898
2024 年 9 月	306 749

【数据分析】暖水袋销量到冬季会大涨，夏季会下降，如图 4.43 所示，具有季节性，可以用 SARIMA 做预测。

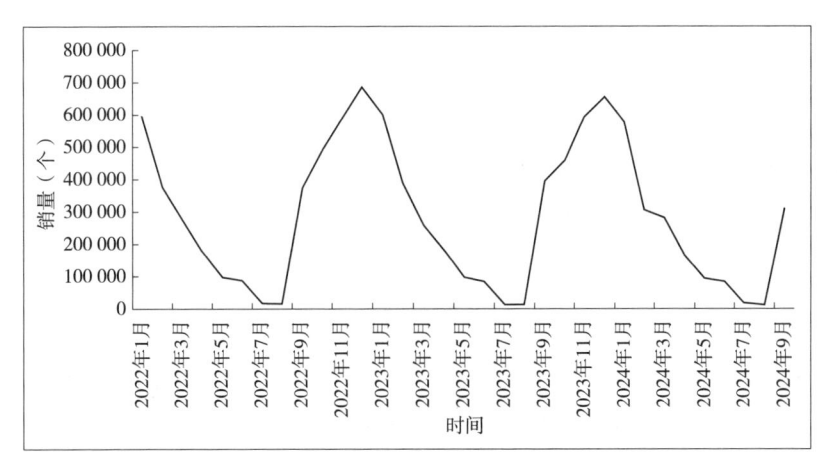

图 4.43　暖水袋销量

【计算过程】计算的工具是 SPSS，这里只显示计算过程。

第一步，需要对时间序列进行季节性调整，即将时间序列数据转化为平稳的数据，如图 4.44 所示。

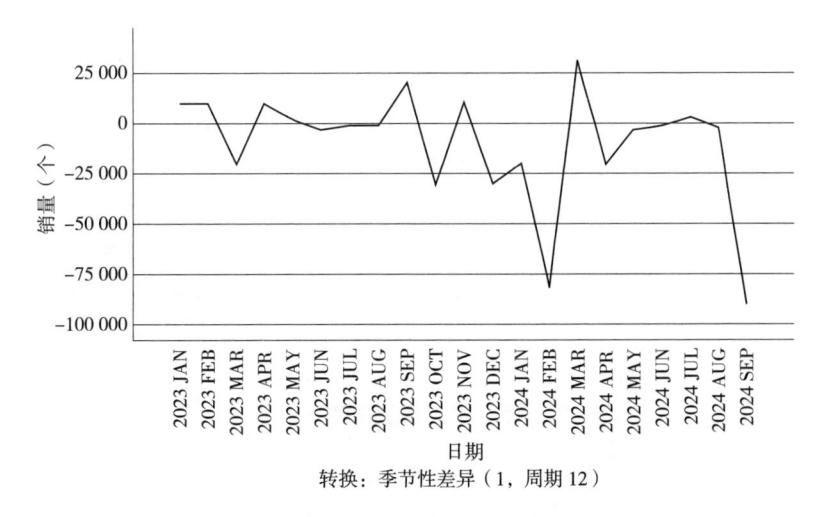

转换：季节性差异（1，周期 12）

图 4.44　季节性差异图

第二步，需要对平稳的时间序列进行差分处理，以消除时间序列中的趋势和季节性，如图 4.45、图 4.46、图 4.47 所示。

转换：差异（1），季节性差异（1，周期 12）

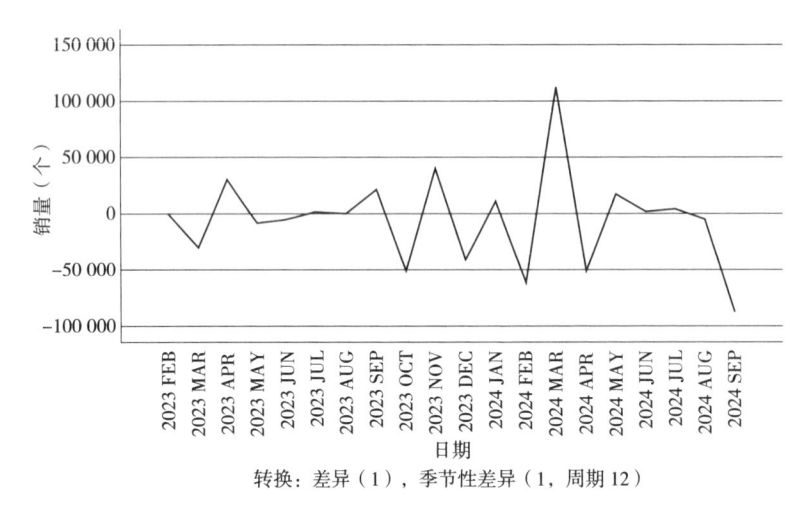

图 4.45　差分处理图

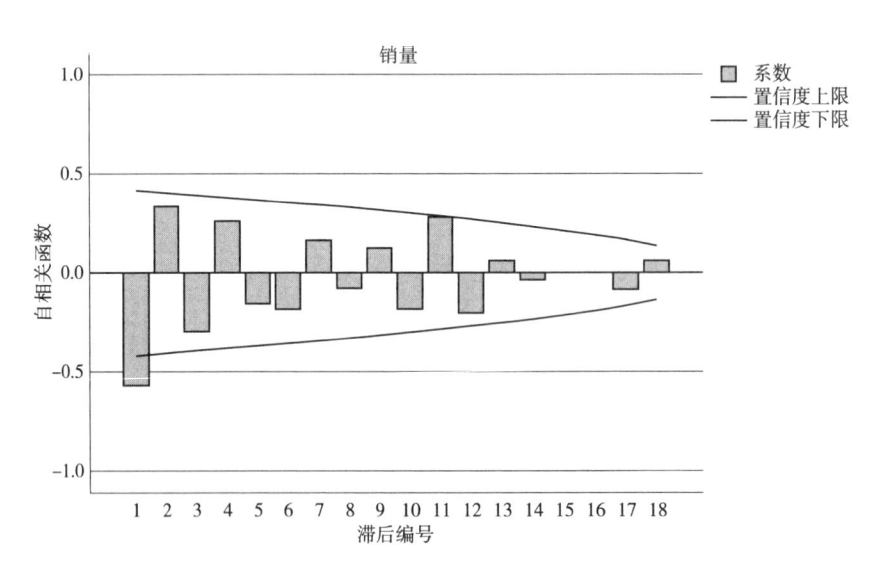

图 4.46　置信区间图

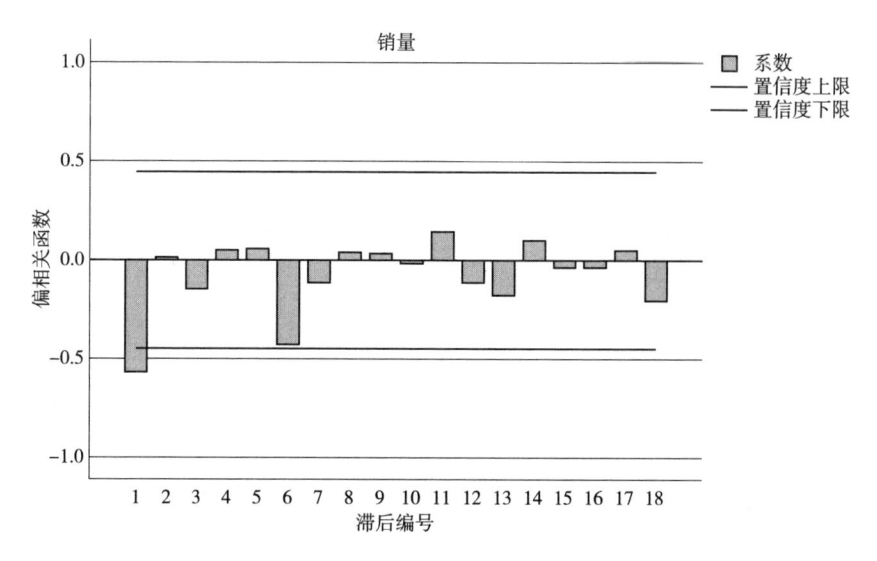

图 4.47　差分后的置信区间图

【得出结果】最后一步，需要对差分后的时间序列建模和预测。模型类型为 ARIMA（1,1,1）（0,1,1），除了差分外，其他参数的设置是随机的，没有规律，最终要看 R^2，如果 R^2 值高，拟合效果较好就可以直接预测，如果效果不好就要重新调整参数。

R^2 为 0.983，拟合效果较好，且符合历史趋势，如图 4.48、图 4.49、图 4.50 所示。

模型统计						
模型	预测变量数	模型拟合度统计 平稳 R^2	杨-博克斯 Q(18) 统计	DF	显著性	离群值数
销量-模型_1	0	.600	21.522	15	.121	0

预测					
模型		10月 2024	11月 2024	12月 2024	
销量-模型_1	预测	458 434	562 341	641 282	
	UCL	517 769	622 834	701 999	
	LCL	399 099	501 848	580 566	

对于每个模型，预测从所请求估算期范围内的最后一个非缺失值之后开始，并结束于最后一个所有预测变量都有可用的非缺失值的周期，或者在所请求预测期的结束日期结束，以较早者为准。

图 4.48　预测结果

图 4.49 残差图

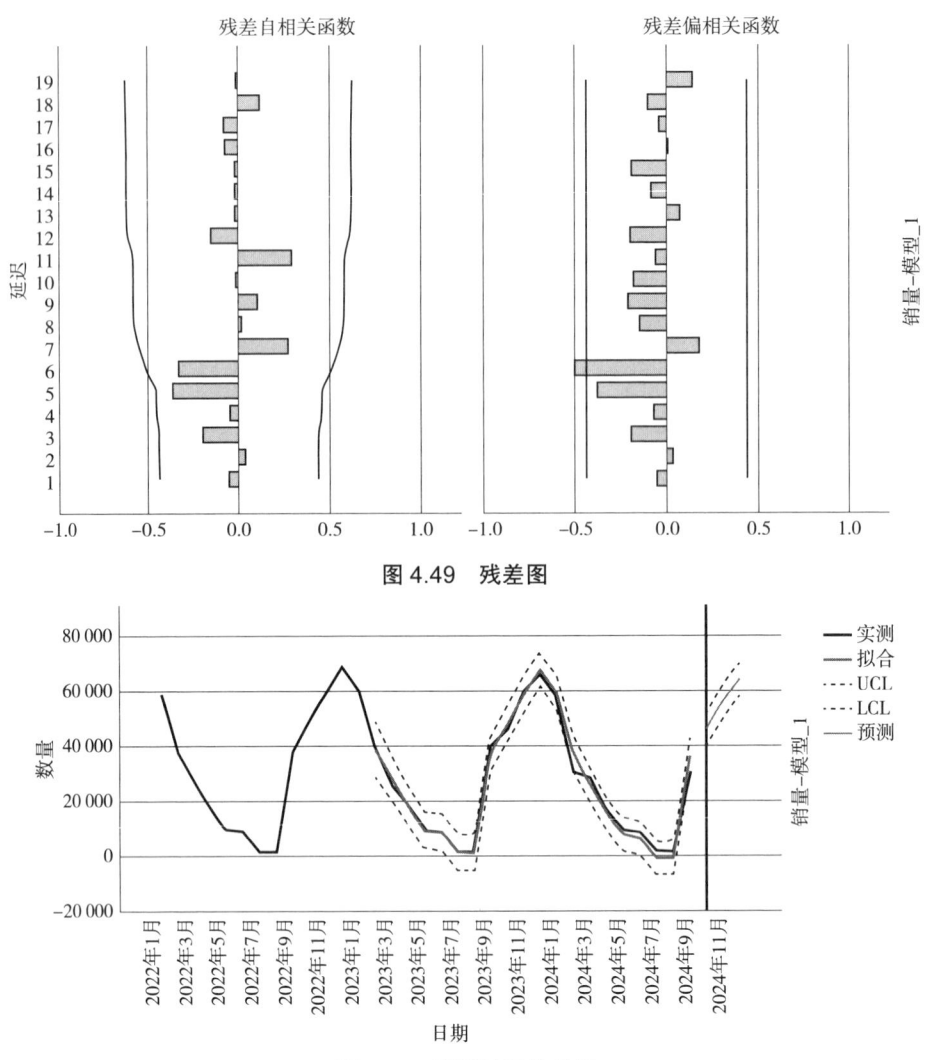

图 4.50 预测结果趋势图

4. 总结

业务预测法、三次指数平滑法和 SARIMA 都是常用的时间序列预测模型，它们各自具有不同的优缺点，见表 4.17。

表 4.17 季节性模型优缺点对比

对比内容		业务预测法	三次指数平滑法	SARIMA
优点		计算简单	适合预测季节性产品	适合预测季节性产品
		易于解释	简单易用，计算速度较快	调整参数比较灵活
缺点		不适合长期预测	对于数据的噪声比较敏感	需要对时间序列数据进行差分，容易出现超调的情况
		容易受异常值的影响	预测的精度受到初始值的影响较大	模型对数据的平稳性要求较高
	准确性		无法处理复杂的时间序列数据	在预测多步未来的情况下，预测准确性可能下降

4.3.3 案例：服装类产品销量预测

【案例背景】某品牌羽绒服在 2022 年～2024 年的销售额数据，见表 4.18。现需预测 2024 年下半年销售额，并给店长定下半年目标。

表 4.18　历史销售

时　　间	销售额（元）
2022 年 1 月	187 898
2022 年 2 月	176 699
2022 年 3 月	97 878
2022 年 4 月	88 878
2022 年 5 月	75 665
2022 年 6 月	56 776
2022 年 7 月	1 677
2022 年 8 月	146
2022 年 9 月	165
2022 年 10 月	46 761
2022 年 11 月	58 878
2022 年 12 月	189 889
2023 年 1 月	378 709
2023 年 2 月	278 788
2023 年 3 月	187 890
2023 年 4 月	67 689
2023 年 5 月	27 878
2023 年 6 月	18 978
2023 年 7 月	8 790
2023 年 8 月	7 998
2023 年 9 月	27 870
2023 年 10 月	378 709
2023 年 11 月	578 799
2023 年 12 月	688 980
2024 年 1 月	487 900
2024 年 2 月	279 898
2024 年 3 月	178 799
2024 年 4 月	166 768
2024 年 5 月	96 767
2024 年 6 月	85 789

【数据分析】羽绒服属于季节性产品，根据趋势图 4.51 可以看到 11 月～次年 2 月是高峰期，而且 2024 年的销售额比 2023 年的销售额有所增长。

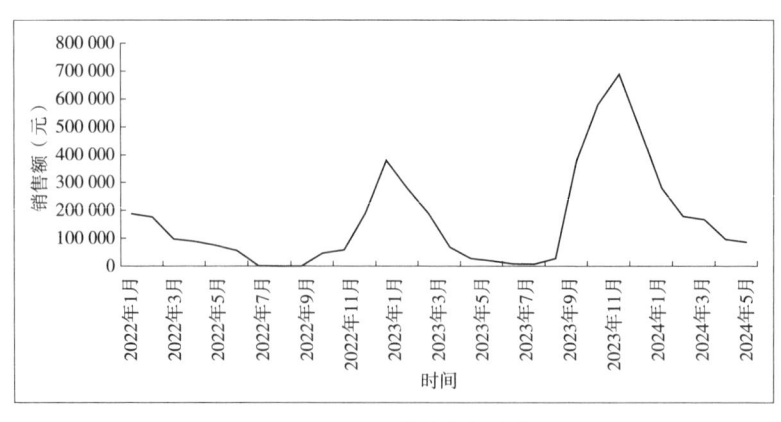

图 4.51 羽绒服销售额趋势

【计算过程】这里用的是三次指数平滑法，计算过程用 SPSS 操作，步骤暂时忽略。

【得出结果】图 4.52 中 R^2 为 0.812，拟合效果比较好，结果也符合历史趋势。

模型统计

模型	预测变量数	平稳R^2	R^2	统计	DF	显著性	离群值数
销售额-模型_1	0	.772	.812	34.565	15	.003	0

预测

模型		七月 2024	八月 2024	九月 2024	十月 2024	十一月 2024	十二月 2024
销售额-模型_1	预测	80 800	79 633	89 573	288 285	394 383	514 973
	UCL	246 092	313 387	375 866	618 874	764 002	919 882
	LCL	-84 492	-154 121	-196 720	-42 304	24 763	110 064

对于每个模型，预测从所请求估算期范围内的最后一个非缺失值之后开始，并结束于最后一个所有预测变量都有可用的非缺失值的周期，或者在所请求预测期的结束日期结束，以较早者为准。

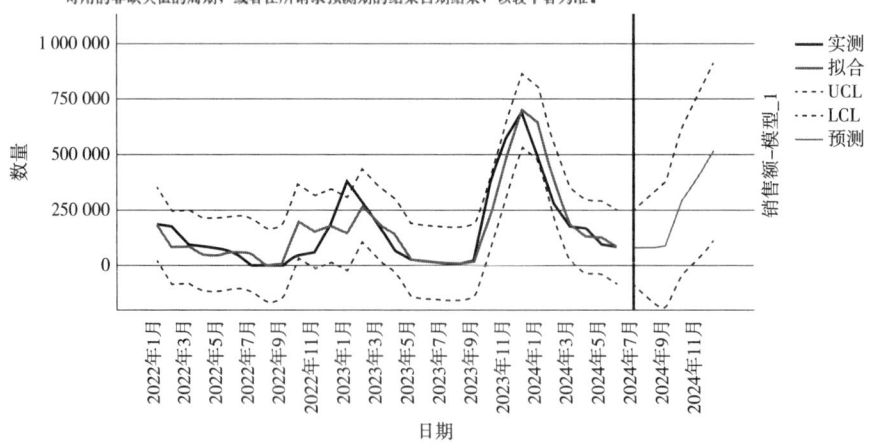

图 4.52 预测结果

4.4 总结

三种趋势所对应的预测方法，以及各自的优缺点，如图 4.53 所示。

第 4 章 从销量趋势看预测

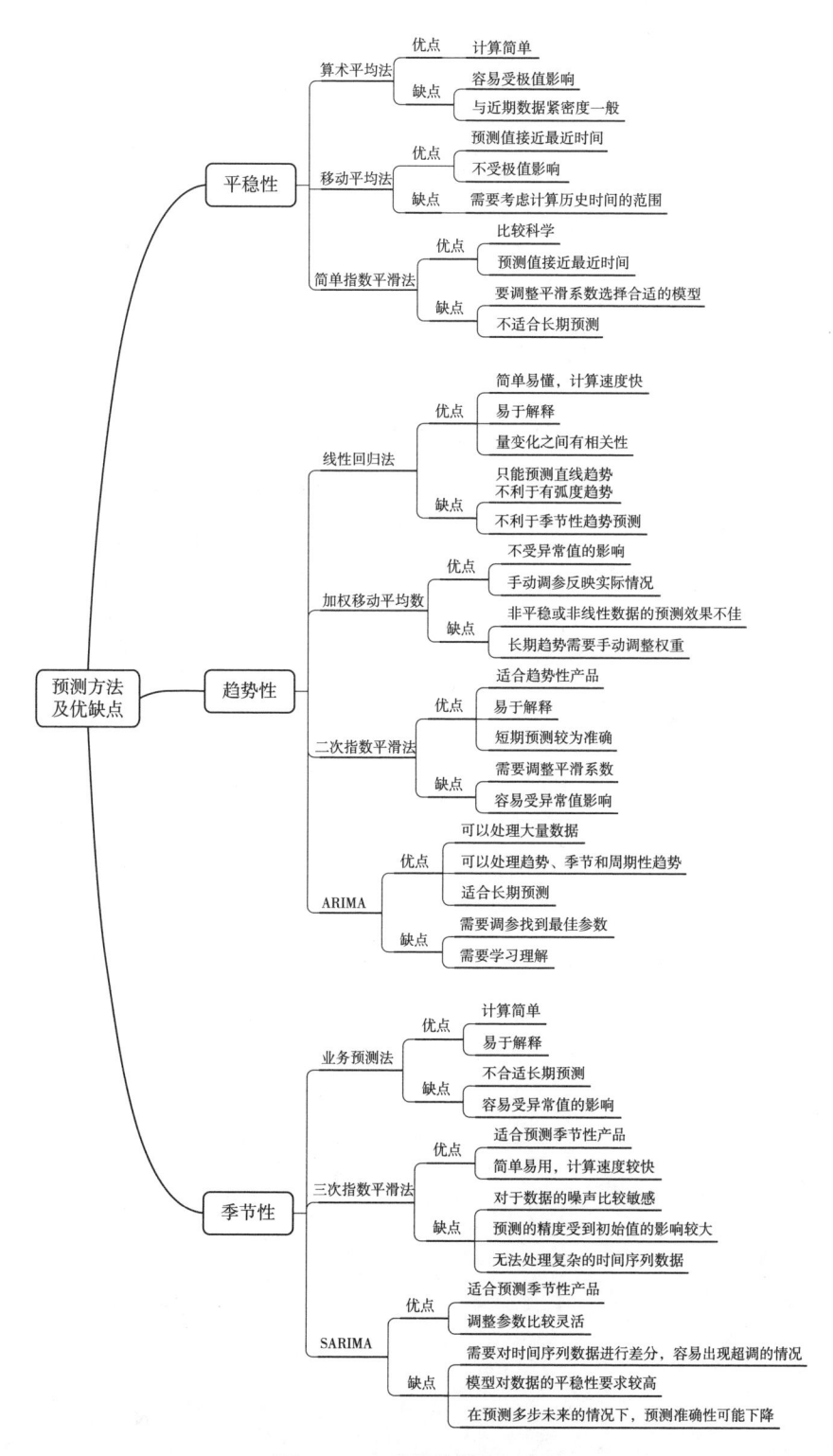

```
                            ┌─优点─ 计算简单
              ┌─算术平均法──┤
              │             └─缺点─┬ 容易受极值影响
              │                    └ 与近期数据紧密度一般
              │             ┌─优点─┬ 预测值接近最近时间
    ┌─平稳性──┼─移动平均法──┤      └ 不受极值影响
    │         │             └─缺点─ 需要考虑计算历史时间的范围
    │         │                    ┌ 比较科学
    │         │               ┌─优点─┤
    │         └─简单指数平滑法┤      └ 预测值接近最近时间
    │                         └─缺点─┬ 要调整平滑系数选择合适的模型
    │                                └ 不适合长期预测
    │
    │                             ┌ 简单易懂，计算速度快
    │                       ┌─优点─┤ 易于解释
    │         ┌─线性回归法──┤      └ 量变化之间有相关性
    │         │             │      ┌ 只能预测直线趋势
    │         │             └─缺点─┤ 不利于有弧度趋势
    │         │                    └ 不利于季节性趋势预测
    │         │                    ┌ 不受异常值的影响
预测方法       │               ┌─优点─┤
及优缺点──┼─趋势性─┼─加权移动平均数┤      └ 手动调参反映实际情况
    │         │             └─缺点─┬ 非平稳或非线性数据的预测效果不佳
    │         │                    └ 长期趋势需要手动调整权重
    │         │                    ┌ 适合趋势性产品
    │         │               ┌─优点─┤ 易于解释
    │         ├─二次指数平滑法┤      └ 短期预测较为准确
    │         │             └─缺点─┬ 需要调整平滑系数
    │         │                    └ 容易受异常值影响
    │         │                    ┌ 可以处理大量数据
    │         │               ┌─优点─┤ 可以处理趋势、季节和周期性趋势
    │         └─ARIMA─────────┤      └ 适合长期预测
    │                         └─缺点─┬ 需要调参找到最佳参数
    │                                └ 需要学习理解
    │
    │                             ┌ 计算简单
    │                       ┌─优点─┤
    │         ┌─业务预测法──┤      └ 易于解释
    │         │             └─缺点─┬ 不合适长期预测
    │         │                    └ 容易受异常值的影响
    │         │                    ┌ 适合预测季节性产品
    │         │               ┌─优点─┤
    └─季节性──┼─三次指数平滑法┤      └ 简单易用，计算速度较快
              │             │      ┌ 对于数据的噪声比较敏感
              │             └─缺点─┤ 预测的精度受到初始值的影响较大
              │                    └ 无法处理复杂的时间序列数据
              │                    ┌ 适合预测季节性产品
              │               ┌─优点─┤
              └─SARIMA────────┤      └ 调整参数比较灵活
                              │      ┌ 需要对时间序列数据进行差分，容易出现超调的情况
                              └─缺点─┤ 模型对数据的平稳性要求较高
                                     └ 在预测多步未来的情况下，预测准确性可能下降
```

图 4.53 不同趋势的预测方法

本书所讲到的预测方法并不包含所有内容，只是我使用过的预测方法中觉得比较好的方法。预测方法还有很多，比如 Facebook 开源的 fbProphet 模型，以及机器算法的神经网络 LSTM（长短期记忆网络），不过它们也有各自的缺点，其中，fbProphet 需要用 Python 和 R 工具预测，此模型的安装步骤较为复杂，读者不易安装，神经网络是基于机器学习的预测模型，需要有一定机器学习的基础，否则难以理解。由于本书的用户主要是针对业务人员、计划员及数据分析师，所以不会讲得太过深入，目的是给大家找到合适的方法以提高预测的准确率和效率，而不是专注深入研究学习。

以上是根据不同的趋势给出的预测方法，其实销量趋势有第四种，除本节讲的三种外，还有一种是不规则的趋势，意思是未来的销量趋势波动没有规律，忽高忽低，不受季节影响或人为影响，你永远不知道它什么时候会上涨。这时候用什么预测模型准确率都不会高。

没有规律的事情无论多厉害的预测方法结果都会是错误的，所以这里对第四种不规则的趋势不作介绍，有兴趣的读者可以自行研究、学习。

第 5 章 从数据量看预测

第 4 章主要讲解了从不同的销量趋势找到对应的预测方法，方法虽然很多，但在实战过程中还要考虑三个重要的因素，即数据量有多少；该用什么工具较为合适？我们自身对工具的熟悉程度如何？能否轻松驾驭？

本章将数据量分为少、多和海量三个级别，针对不同的人群提供了不同的预测方法和工具，比如业务员或计划员，只会用 Excel，不会使用代码，这种情况下可以选择什么样的工具做预测；或者可以轻松驾驭 Python 的数据分析师、算法工程师应该怎样编写代码。这些我都会手把手教大家，大家可以跟着我的讲解一步步操作，不用担心学不会。

5.1 数据量少，只会用 Excel，怎么做预测

数据量的多少，没有一个明确的规定。一张 Excel 工作簿的数据容量是 1 048 576 条数据，10 万条以下的，计算起来不卡顿，说明数据量少，如果数据达到几十万条，会出现部分卡顿的情况，而数据上百万条时，打开文件都比较难。

我认为，以下三种情况属于数据量少的范围。（1）预测的难度较大。比如通过公司前三年每月销量预测未来一年的销量，三年的每月销量总共只有 36 条数据，数据量少，或者不区分公司产品与部门，只根据历史总营收预测未来的总营收。（2）历史时间比较短。比如历史时间只有一年。（3）某些行业本身数据量不多。一般线下零售行业、传统行业等一天的数据量不会很多。

这些数据量比较少的一般可以用 Excel 来解决，Excel 的优点是学习门槛低，操作简单，特别适合业务员、计划员、采购员等人员使用。

5.1.1　Excel 预测工具的介绍

经过多年的迭代更新后，Excel 的功能日益强大，自带的工具也越来越多。本书介绍的是 Excel 2021 版本（图 5.1），上面有自带的预测工具及预测函数，同时可以利用运算符来构建预测模型。以下方法 Excel 2019～2020 版本同样适用。

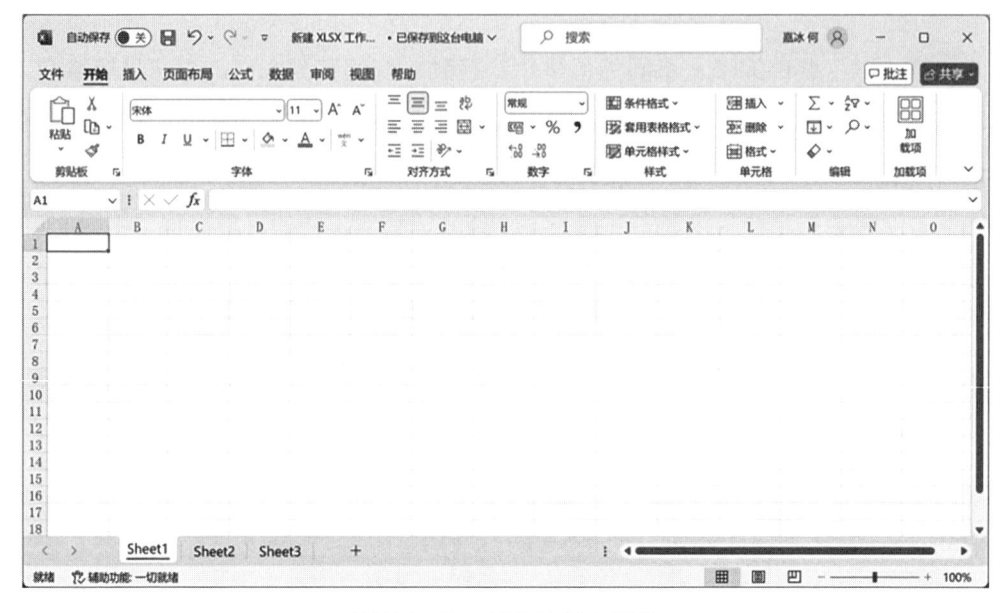

图 5.1　Excel 2021 版本界面

5.1.2　Excel 预测的操作步骤

Excel 中可以预测的方法分别有：算术平均法、移动平均法、线性回归法、加权移动平均法、一次指数平滑法、二次指数平滑法、三次指数平滑法、业务预测法。在第 4 章中，我们已经讲解了不同的销量趋势对应不同的预测方法，Excel 都有针对不同趋势的预测方法，对于数据量不大且不复杂的销量预测，Excel 就可以满足。下面分别用三组数据来讲解每个方法的操作步骤。

1. 平稳性模型

下面有一组数据（图 5.2、图 5.3），此数据历史销售额趋势较为平稳，现需要预测 2025 年 1 月的销售额。

	A	B
1	时间	销售额
2	2024年1月	17 878
3	2024年2月	17 779
4	2024年3月	17 783
5	2024年4月	17 890
6	2024年5月	17 998
7	2024年6月	18 053
8	2024年7月	17 878
9	2024年8月	17 779
10	2024年9月	17 783
11	2024年10月	17 890
12	2024年11月	17 998
13	2024年12月	18 053
14	2025年1月	

图 5.2　2024 年销售额数据

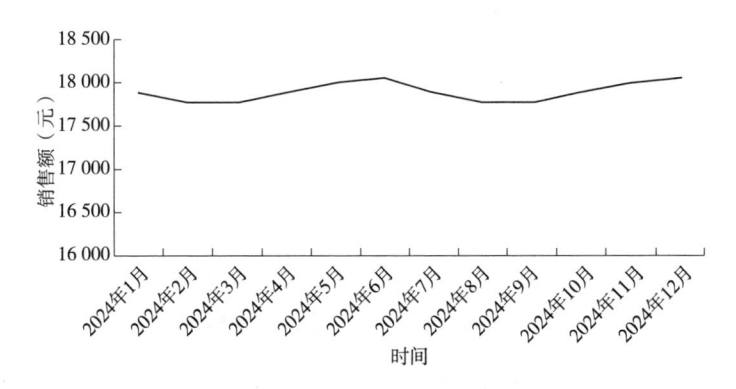

图 5.3　2024 年销售额趋势

（1）算术平均法。该方法是求历史数据的平均值，这里可以用 AVERAGEA 函数，此函数是计算所有数据的平均值。表达式是：AVERAGEA（数值 1，数值 2，…）

在要预测的单元格中输入 =AVERAGEA()，选中所有历史销售额的区域后按回车键即可，如图 5.4、图 5.5、图 5.6 所示。

	A	B	C
1	时间	销售额	
2	2024年1月	17 878	
3	2024年2月	17 779	
4	2024年3月	17 783	
5	2024年4月	17 890	
6	2024年5月	17 998	
7	2024年6月	18 053	
8	2024年7月	17 878	
9	2024年8月	17 779	
10	2024年9月	17 783	
11	2024年10月	17 890	
12	2024年11月	17 998	
13	2024年12月	18 053	
14		=AVERAGEA(B2:B13)	
15		AVERAGEA (数值1, …)	

图 5.4　算数平均预测方法

	A	B
1	时间	销售额
2	2024年1月	17 878
3	2024年2月	17 779
4	2024年3月	17 783
5	2024年4月	17 890
6	2024年5月	17 998
7	2024年6月	18 053
8	2024年7月	17 878
9	2024年8月	17 779
10	2024年9月	17 783
11	2024年10月	17 890
12	2024年11月	17 998
13	2024年12月	18 053
14	2025年1月	17 896.83

图 5.5　预测结果

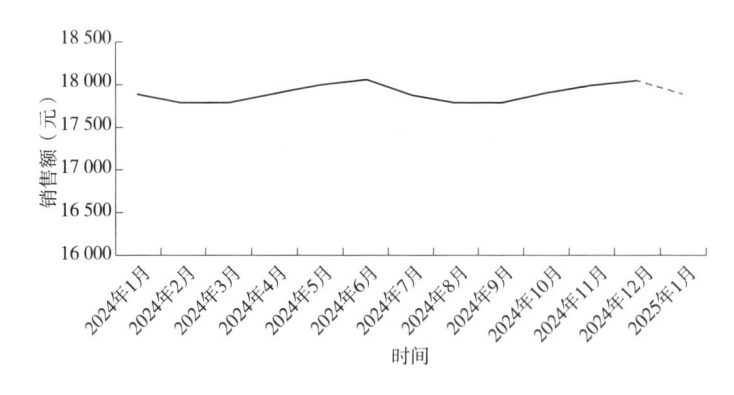

图 5.6　预测结果趋势

（2）移动平均法。该方法是用最近一组数据预测未来值，例如，取近半年的时间预测未来一个月，可以用 AVERAGEA 函数，求数据的平均值。

在要预测的单元格里输入 =AVERAGEA()，选中近半年历史销售额的区域后按回车键即可，如图 5.7、图 5.8、图 5.9 所示。

（3）简单指数平滑法。设平滑系数为 0.6，在销售额旁边添加一列用于计算简单指数平滑的预测值，2024 年 1 月对应的预测值不用填，2024 年 2 月对应的预测值等于 2024 年 1 月的销售额，从 2024 年 3 月的预测值开始输入简单指数平滑的公式：=0.6*B3+(1-0.6)*C3，按回车键，双击单元格的右下角填充数据即可，如图 5.10、图 5.11、图 5.12 所示。

	A	B	C
1	时间	销售额	
2	2024年1月	17 878	
3	2024年2月	17 779	
4	2024年3月	17 783	
5	2024年4月	17 890	
6	2024年5月	17 998	
7	2024年6月	18 053	
8	2024年7月	17 878	
9	2024年8月	17 779	
10	2024年9月	17 783	
11	2024年10月	17 890	
12	2024年11月	17 998	
13	2024年12月	18 053	
14	=AVERAGEA(B7:B13)		

图 5.7　移动平均预测方法

	A	B
1	时间	销售额
2	2024年1月	17 878
3	2024年2月	17 779
4	2024年3月	17 783
5	2024年4月	17 890
6	2024年5月	17 998
7	2024年6月	18 053
8	2024年7月	17 878
9	2024年8月	17 779
10	2024年9月	17 783
11	2024年10月	17 890
12	2024年11月	17 998
13	2024年12月	18 053
14	2025年1月	17 919.14

图 5.8　预测结果

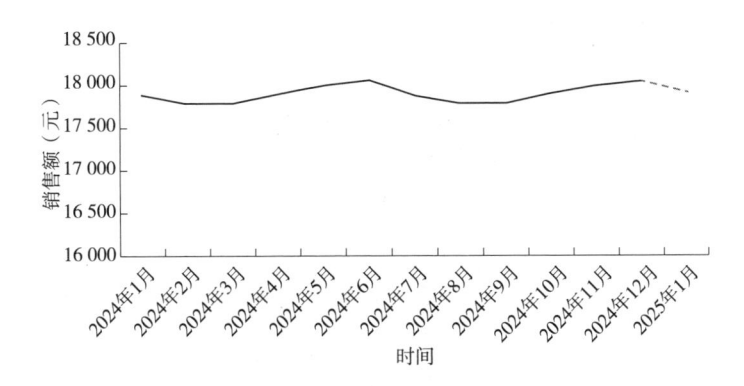

图 5.9　预测结果趋势

	A	B	C
1	时间	销售额	简单指数平滑
2	2024年1月	17 878	
3	2024年2月	17 779	17 878
4	2024年3月	17 783	=0.6*B3+(1-0.6)*C3
5	2024年4月	17 890	
6	2024年5月	17 998	
7	2024年6月	18 053	
8	2024年7月	17 878	
9	2024年8月	17 779	
10	2024年9月	17 783	
11	2024年10月	17 890	
12	2024年11月	17 998	
13	2024年12月	18 053	
14	2025年1月		

图 5.10　简单指数平滑法

	A	B	C
1	时间	销售额	简单指数平滑
2	2024年1月	17 878	
3	2024年2月	17 779	17 878
4	2024年3月	17 783	17 818.60
5	2024年4月	17 890	17 797.24
6	2024年5月	17 998	17 852.90
7	2024年6月	18 053	17 939.96
8	2024年7月	17 878	18 007.78
9	2024年8月	17 779	17 929.91
10	2024年9月	17 783	17 839.37
11	2024年10月	17 890	17 805.55
12	2024年11月	17 998	17 856.22
13	2024年12月	18 053	17 941.29
14	2025年1月		18 008.31

图 5.11　预测结果

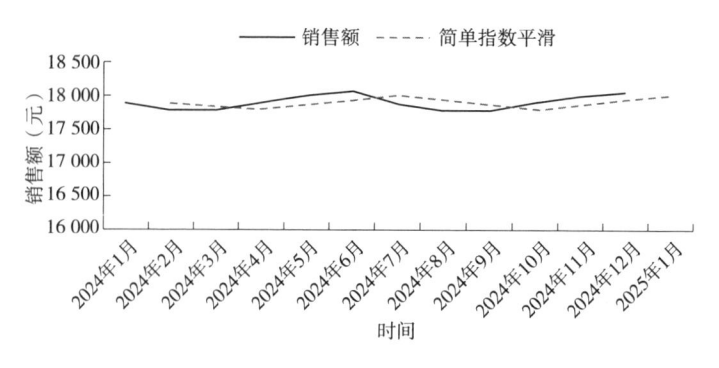

图 5.12　预测结果趋势

2. 趋势性模型

下面有一组数据（图 5.13），此组数据历史销售额为上涨趋势（图 5.14），现需要预测 2025 年 1 月的销售额。

	A	B
1	时间	销售额
2	2024年1月	11 002
3	2024年2月	12 778
4	2024年3月	12 789
5	2024年4月	13 245
6	2024年5月	13 579
7	2024年6月	15 989
8	2024年7月	17 907
9	2024年8月	17 996
10	2024年9月	18 567
11	2024年10月	18 678
12	2024年11月	21 898
13	2024年12月	21 689
14	2025年1月	

图 5.13　2024 年销售额数据

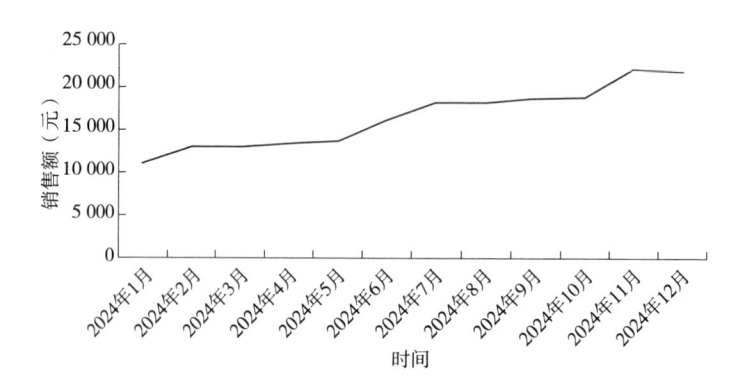

图 5.14　2024 年销售额趋势

（1）加权移动平均法。加权移动平均法是赋予历史时间的权重再除以权重之和，假设取近三个月的销售额预测未来值，时间从远到近权重分别为1、2、3。输入公式：=(B11*1+B12*2+B13*3)/(1+2+3)，如图5.15～图5.17所示。

（2）线性回归法。Excel中有一个线性回归的函数，FORECAST.LINEAR函数，它会根据现有数据来计算或预测未来值。表达式是FORECAST.LINEAR（预测时间,历史值,历史时间）。

输入公式：FORECAST.LINEAR（A14,B2:B13,A2:A13）即可，如图5.18～图5.20所示。

	A	B
1	时间	销售额
2	2024年1月	11 002
3	2024年2月	12 778
4	2024年3月	12 789
5	2024年4月	13 245
6	2024年5月	13 579
7	2024年6月	15 989
8	2024年7月	17 907
9	2024年8月	17 996
10	2024年9月	18 567
11	2024年10月	18 678
12	2024年11月	21 898
13	2024年12月	21 689
14	2=(B11*1+B12*2+B13*3)/(1+2+3)	

图5.15　加权移动平均法

	A	B
1	时间	销售额
2	2024年1月	11 002
3	2024年2月	12 778
4	2024年3月	12 789
5	2024年4月	13 245
6	2024年5月	13 579
7	2024年6月	15 989
8	2024年7月	17 907
9	2024年8月	17 996
10	2024年9月	18 567
11	2024年10月	18 678
12	2024年11月	21 898
13	2024年12月	21 689
14	2025年1月	21 256.83

图5.16　预测结果

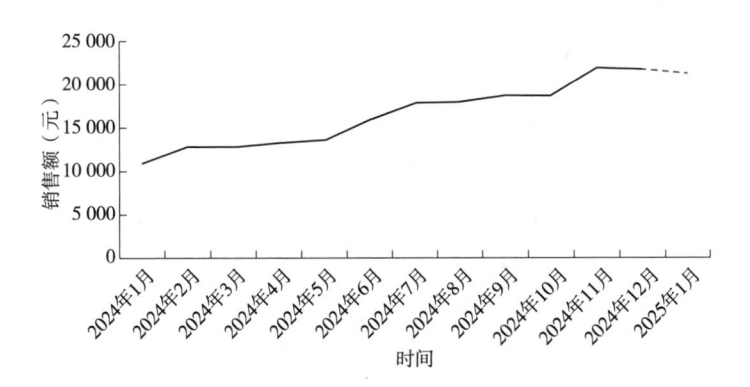

图5.17　预测结果趋势

	A	B
1	时间	销售额
2	2024年1月	11 002
3	2024年2月	12 778
4	2024年3月	12 789
5	2024年4月	13 245
6	2024年5月	13 579
7	2024年6月	15 989
8	2024年7月	17 907
9	2024年8月	17 996
10	2024年9月	18 567
11	2024年10月	18 678
12	2024年11月	21 898
13	2024年12月	21 689
14 15	=FORECAST.LINEAR(A14,B2:B13,A2:A13)	

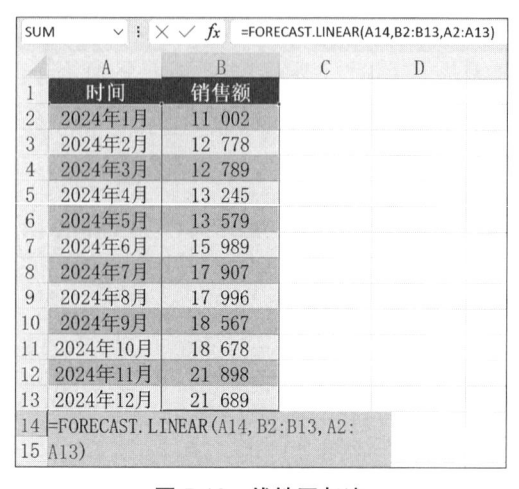

图 5.18　线性回归法

	A	B
1	时间	销售额
2	2024年1月	11 002
3	2024年2月	12 778
4	2024年3月	12 789
5	2024年4月	13 245
6	2024年5月	13 579
7	2024年6月	15 989
8	2024年7月	17 907
9	2024年8月	17 996
10	2024年9月	18 567
11	2024年10月	18 678
12	2024年11月	21 898
13	2024年12月	21 689
14	2025年1月	22 784.56

图 5.19　预测结果

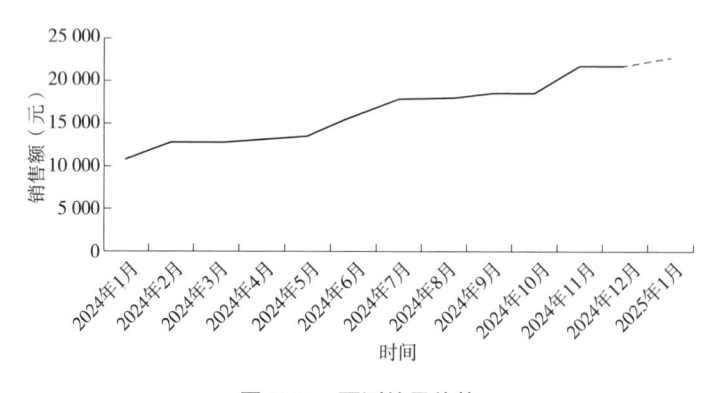

图 5.20　预测结果趋势

（3）二次指数平滑法。二次指数平滑法是在简单指数平滑的基础上再平滑一次，设平滑系数为0.6，先求出简单指数平滑，如图5.21所示。

	A	B	C
1	时间	销售额	简单指数平滑法
2	2024年1月	11 002	
3	2024年2月	12 778	11 002
4	2024年3月	12 789	13 167.80
5	2024年4月	13 245	14 257.30
6	2024年5月	13 579	15 075.65
7	2024年6月	15 989	15 685.23
8	2024年7月	17 907	17 436.01
9	2024年8月	17 996	19 462.21
10	2024年9月	18 567	20 528.70
11	2024年10月	18 678	21 404.55
12	2024年11月	21 898	21 909.08
13	2024年12月	21 689	24 093.34
14	2025年1月		25 060.07

图 5.21　简单指数平滑法

再增加一列，用简单指数平滑的预测值作为新的实际值进行计算，从 2024 年 3 月开始，该月的值等于 2024 年 2 月的简单指数平滑值。接着，在 2024 年 4 月的单元格中输入公式：=C4*0.6+（1-0.6）*D4，填充后就得出二次指数平滑的预测值，如图 5.22、图 5.23 所示。

时间	销售额	简单指数平滑法	二次指数平滑法
2024年1月	11 002		
2024年2月	12 778	11 002	
2024年3月	12 789	13 167.80	11 002
2024年4月	13 245	14	=C4*0.6+(1-0.6)*D4
2024年5月	13 579	15	
2024年6月	15 989	15 685.23	14 435.38
2024年7月	17 907	17 436.01	15 185.29
2024年8月	17 996	19 462.21	16 535.72
2024年9月	18 567	20 528.70	18 291.61
2024年10月	18 678	21 404.55	19 633.87
2024年11月	21 898	21 909.08	20 696.28
2024年12月	21 689	24 093.34	21 423.96
2025年1月		25 060.07	23 025.59

图 5.22　二次指数平滑法

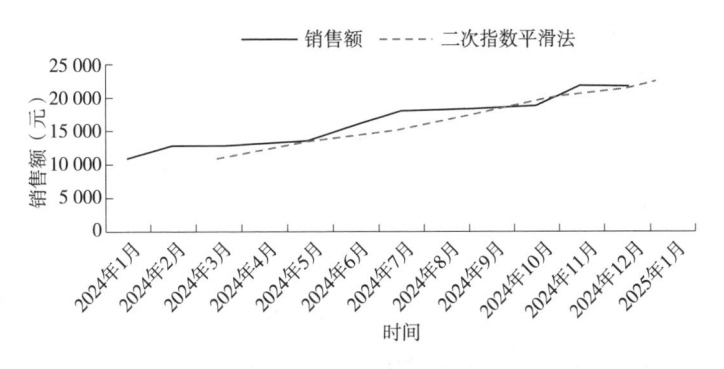

图 5.23　预测结果趋势

3. 季节性模型

下面有一组数据（图 5.24、图 5.25），显示历史销售额呈季节性变化，现在需要预测 2025 年 2～7 月的销售额。

	A	B
1	时间	销售额
2	2023年1月	17 878
3	2023年2月	10 787
4	2023年3月	17 783
5	2023年4月	17 890
6	2023年5月	27 677
7	2023年6月	40 878
8	2023年7月	46 768
9	2023年8月	58 788
10	2023年9月	58 787
11	2023年10月	48 789
12	2023年11月	27 677
13	2023年12月	18 053
14	2024年1月	17 890
15	2024年2月	09 088
16	2024年3月	16 898
17	2024年4月	17 890
18	2024年5月	25 880
19	2024年6月	38 909
20	2024年7月	42 889
21	2024年8月	55 887
22	2024年9月	57 888
23	2024年10月	47 456
24	2024年11月	29 767
25	2024年12月	16 988
26	2025年1月	17 000

图 5.24　历史销售额

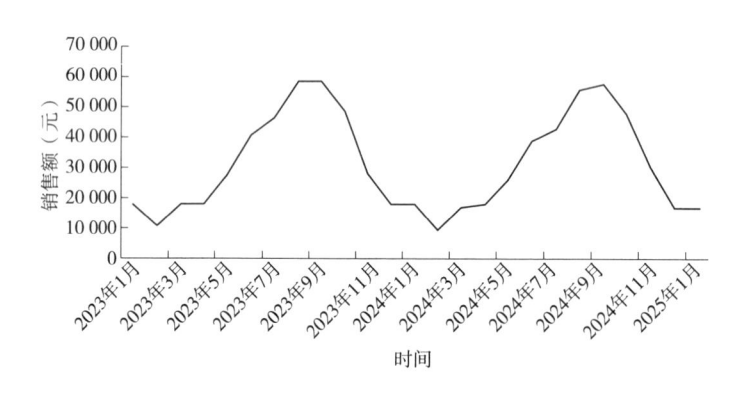

图 5.25　历史销售额趋势

（1）三次指数平滑法。在 Excel 中，有专门的预测工具做三次指数平滑。

选中要预测的数据，单击工具栏上的"数据"→"预测工作表"按钮，如图 5.26 所示。

在弹出的"创建预测工作表"对话框中，选择"预测结束"的时间为 2024 年 7 月 1 日，下面有一个"季节性"设置的选项，默认是"自动检测"，在趋势并不符合历史趋势时，可以选择"手动设置"，找到符合历史趋势的参数。设置完后单击右下角的"创建"按钮，如图 5.27 所示。

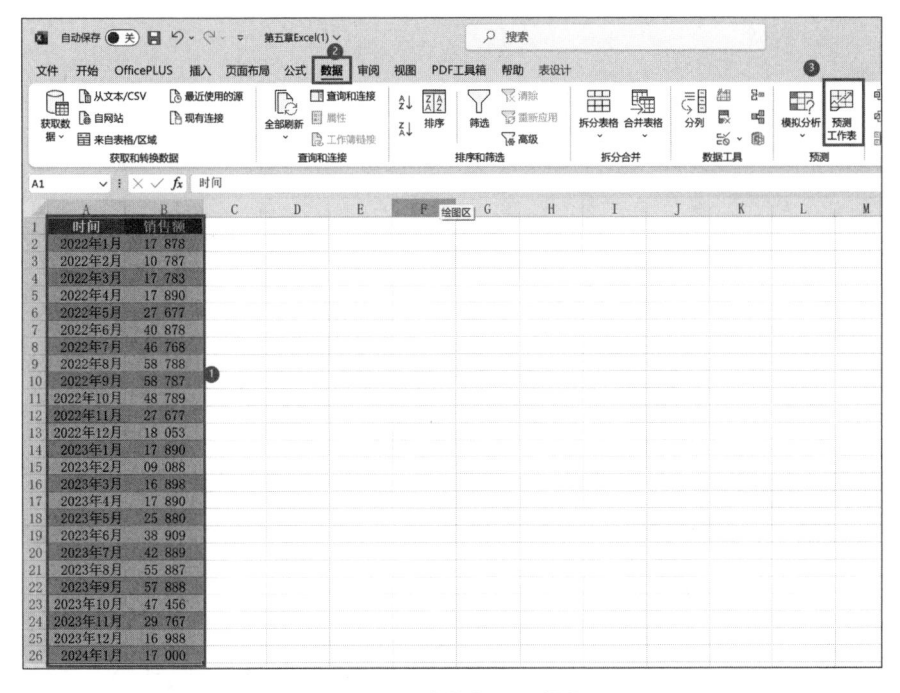

图 5.26　三次指数平滑操作 1

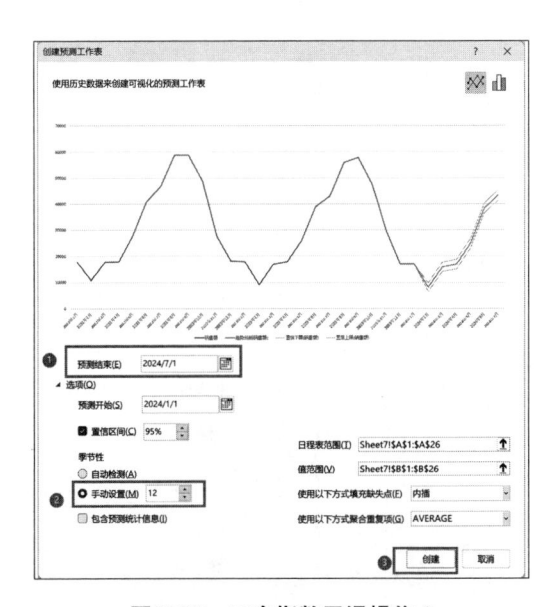

图 5.27　三次指数平滑操作 2

结果会呈现预测结果和趋势图，其中"趋势预测"列为预测值，"置信上限"与"置信下限"为预测的范围，如图 5.28 所示。

图 5.28 预测结果

（2）业务分析法。

①计算每月的销售额占当年的销售额占比，选择整年时间时，设置行和列的绝对引用①，下拉填充一整年的数据，如图 5.29 所示。

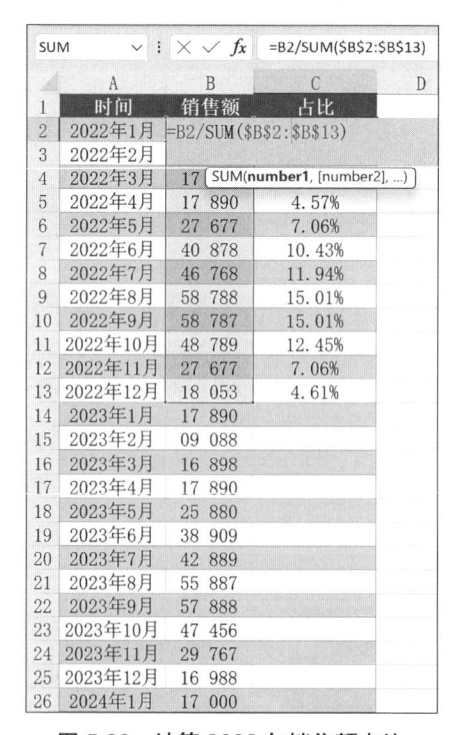

图 5.29 计算 2022 年销售额占比

②用同样的方法填充第二年的数据，如图 5.30 所示。

---

① 绝对引用：单元格中的绝对单元格引用（例如 A1）总是在指定位置引用单元格。按键盘上 F4 键可以调用。

③设置权重，添加一列权重，2021年权重是1，2022年权重是2，如图5.31所示。

	A	B	C
1	时间	销售额	占比
2	2022年1月	17 878	4.56%
3	2022年2月	10 787	2.75%
4	2022年3月	17 783	4.54%
5	2022年4月	17 890	4.57%
6	2022年5月	27 677	7.06%
7	2022年6月	40 878	10.43%
8	2022年7月	46 768	11.94%
9	2022年8月	58 788	15.01%
10	2022年9月	58 787	15.01%
11	2022年10月	48 789	12.45%
12	2022年11月	27 677	7.06%
13	2022年12月	18 053	4.61%
14	2023年1月	17 890	4.74%
15	2023年2月	9 088	2.41%
16	2023年3月	16 898	4.48%
17	2023年4月	17 890	4.74%
18	2023年5月	25 880	6.86%
19	2023年6月	38 909	10.31%
20	2023年7月	42 889	11.36%
21	2023年8月	55 887	14.81%
22	2023年9月	57 888	15.34%
23	2023年10月	47 456	12.57%
24	2023年11月	29 767	7.89%
25	2023年12月	16 988	4.50%
26	2024年1月	17 000	

图5.30 计算2023年销售额占比

	A	B	C
1	时间	销售额	占比
2	2022年1月	17 878	4.56%
3	2022年2月	10 787	2.75%
4	2022年3月	17 783	4.54%
5	2022年4月	17 890	4.57%
6	2022年5月	27 677	7.06%
7	2022年6月	40 878	10.43%
8	2022年7月	46 768	11.94%
9	2022年8月	58 788	15.01%
10	2022年9月	58 787	15.01%
11	2022年10月	48 789	12.45%
12	2022年11月	27 677	7.06%
13	2022年12月	18 053	4.61%
14	2023年1月	17 890	4.74%
15	2023年2月	09 088	2.41%
16	2023年3月	16 898	4.48%
17	2023年4月	17 890	4.74%
18	2023年5月	25 880	6.86%
19	2023年6月	38 909	10.31%
20	2023年7月	42 889	11.36%
21	2023年8月	55 887	14.81%
22	2023年9月	57 888	15.34%
23	2023年10月	47 456	12.57%
24	2023年11月	29 767	7.89%
25	2023年12月	16 988	4.50%
26	2024年1月	17 000	

图5.31 赋予权重

④预测未来月份的占比，将两年同月的占比权重之积相加得出权重之和，输入公式：=（C2*D2+C14*D14）/3，下拉填充到2024年7月，如图5.32所示。

⑤计算2024年总销售额，用1月销售额除以当月占比，如图5.33所示。

	A	B	C	D	E
1	时间	销售额	占比	权重	预估
2	2022年1月	17 878	4.56%	1	
3	2022年2月	10 787	2.75%	1	
4	2022年3月	17 783	4.54%	1	
5	2022年4月	17 890	4.57%	1	
6	2022年5月	27 677	7.06%	1	
7	2022年6月	40 878	10.43%	1	
8	2022年7月	46 768	11.94%	1	
9	2022年8月	58 788	15.01%	1	
10	2022年9月	58 787	15.01%	1	
11	2022年10月	48 789	12.45%	1	
12	2022年11月	27 677	7.06%	1	
13	2022年12月	18 053	4.61%	1	
14	2023年1月	17 890	4.74%	2	
15	2023年2月	09 088	2.41%	2	
16	2023年3月	16 898	4.48%	2	
17	2023年4月	17 890	4.74%	2	
18	2023年5月	25 880	6.86%	2	
19	2023年6月	38 909	10.31%	2	
20	2023年7月	42 889	11.36%	2	
21	2023年8月	55 887	14.81%	2	
22	2023年9月	57 888	15.34%	2	
23	2023年10月	47 456	12.57%	2	
24	2023年11月	29 767	7.89%	2	
25	2023年12月	16 988	4.50%	2	
26	2024年1月	17 000	=(C2*D2+C14*D14)/3		
27	2024年2月				
28	2024年3月		4.50%		
29	2024年4月		4.68%		
30	2024年5月		6.93%		
31	2024年6月		10.35%		
32	2024年7月		11.55%		

图5.32 预估数据

	A	B	C	D	E	F
1	时间	销售额	占比	权重	预估	列1
2	2022年1月	17 878	4.56%	1		
3	2022年2月	10 787	2.75%	1		
4	2022年3月	17 783	4.54%	1		
5	2022年4月	17 890	4.57%	1		
6	2022年5月	27 677	7.06%	1		
7	2022年6月	40 878	10.43%	1		
8	2022年7月	46 768	11.94%	1		
9	2022年8月	58 788	15.01%	1		
10	2022年9月	58 787	15.01%	1		
11	2022年10月	48 789	12.45%	1		
12	2022年11月	27 677	7.06%	1		
13	2022年12月	18 053	4.61%	1		
14	2023年1月	17 890	4.74%	2		
15	2023年2月	09 088	2.41%	2		
16	2023年3月	16 898	4.48%	2		
17	2023年4月	17 890	4.74%	2		
18	2023年5月	25 880	6.86%	2		
19	2023年6月	38 909	10.31%	2		
20	2023年7月	42 889	11.36%	2		
21	2023年8月	55 887	14.81%	2		
22	2023年9月	57 888	15.34%	2		
23	2023年10月	47 456	12.57%	2		
24	2023年11月	29 767	7.89%	2		
25	2023年12月	16 988	4.50%	2		
26	2024年1月	17 000			4.68%	=B26/E26
27	2024年2月				2.52%	
28	2024年3月				4.50%	
29	2024年4月				4.68%	
30	2024年5月				6.93%	
31	2024年6月				10.35%	
32	2024年7月				11.55%	

图5.33 预测2024年全年销售额

⑥预估每月实际销售额，用每月的预估占比乘以总销售额，总销售额用绝对引用固定位置，下拉填充即可，如图5.34、图5.35所示。

	A	B	C	D	E	F
1	时间	销售额	占比	权重	预估	列1
2	2022年1月	17 878	4.56%	1		
3	2022年2月	10 787	2.75%	1		
4	2022年3月	17 783	4.54%	1		
5	2022年4月	17 890	4.57%	1		
6	2022年5月	27 677	7.06%	1		
7	2022年6月	40 878	10.43%	1		
8	2022年7月	46 768	11.94%	1		
9	2022年8月	58 788	15.01%	1		
10	2022年9月	58 787	15.01%	1		
11	2022年10月	48 789	12.45%	1		
12	2022年11月	27 677	7.06%	1		
13	2022年12月	18 053	4.61%	1		
14	2023年1月	17 890	4.74%	2		
15	2023年2月	09 088	2.41%	2		
16	2023年3月	16 898	4.48%	2		
17	2023年4月	17 890	4.74%	2		
18	2023年5月	25 880	6.86%	2		
19	2023年6月	38 909	10.31%	2		
20	2023年7月	42 889	11.36%	2		
21	2023年8月	55 887	14.81%	2		
22	2023年9月	57 888	15.34%	2		
23	2023年10月	47 456	12.57%	2		
24	2023年11月	29 767	7.89%	2		
25	2023年12月	16 988	4.50%	2		
26	2024年1月	17 000			4.68%	363158.1
27	2024年2月	=E27*F26			2.52%	
28	2024年3月	16 334.32			4.50%	
29	2024年4月	17 003.71			4.68%	
30	2024年5月	25 153.15			6.93%	
31	2024年6月	37 589.82			10.35%	
32	2024年7月	41 962.84			11.55%	

图5.34 预测2024年2月销售额

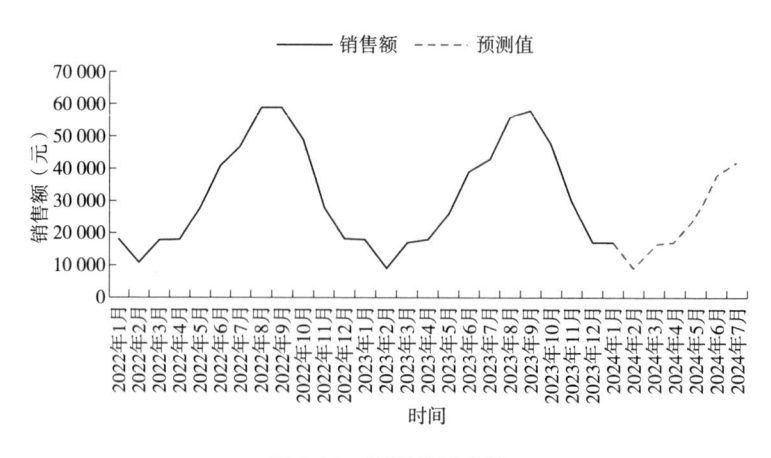

图5.35 预测结果趋势

5.1.3 案例：商场销售额预测

【**案例背景**】某商场当年的销售额目标是 50 万元，假设你是该商场业务部的负责人小李，你需要根据历史的销售额数据预测 2024 年的目标是否达标，若不能达标则提前做营销策略提高营收，如图 5.36 所示。

	A	B
1	时间	销售额
2	2022年1月	50 879
3	2022年2月	48 787
4	2022年3月	38 789
5	2022年4月	17 890
6	2022年5月	07 890
7	2022年6月	05 678
8	2022年7月	05 789
9	2022年8月	09 778
10	2022年9月	17 769
11	2022年10月	28 568
12	2022年11月	48 889
13	2022年12月	58 788
14	2023年1月	57 879
15	2023年2月	50 787
16	2023年3月	40 789
17	2023年4月	20 890
18	2023年5月	09 090
19	2023年6月	08 778
20	2023年7月	08 089
21	2023年8月	19 778
22	2023年9月	27 769
23	2023年10月	38 568
24	2023年11月	58 889
25	2023年12月	68 788
26	2024年1月	70 879
27	2024年2月	68 787
28	2024年3月	57 889

图 5.36　历史销售额

【**数据分析**】从图 5.37 的趋势来看，该商场在年初和年末的时候销售额较高，属于季节性，可以用季节性的模型做预测。若是非专业数据人才，数据量不大的情况下，可以选择 Excel 进行预测，已知 2024 年 1～3 月数据，可以利用业务预测法求出全年的销售额。

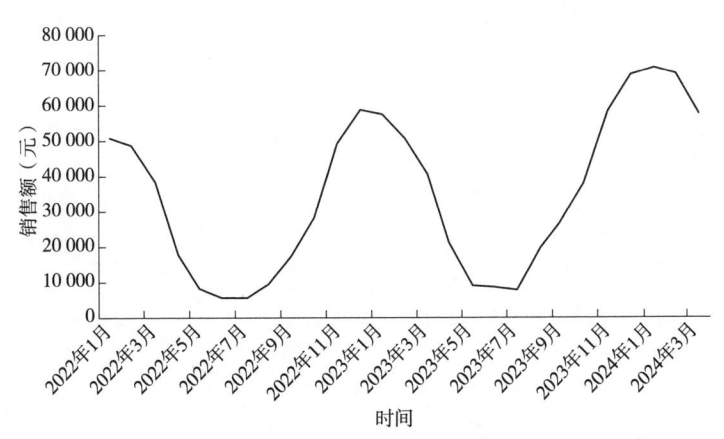

图 5.37　历史销售额趋势图

【计算过程】①计算占比，求出每个月占总销售额的占比。2024年的暂不计算，如图5.38所示。

②赋予权重。分别给2022年与2023年赋予不同的权重。

	A	B	C
1	时间	销售额	占比
2	2022年1月	50 879	14.99%
3	2022年2月	48 787	14.37%
4	2022年3月	38 789	11.43%
5	2022年4月	17 890	5.27%
6	2022年5月	07 890	2.32%
7	2022年6月	05 678	1.67%
8	2022年7月	05 789	1.71%
9	2022年8月	09 778	2.88%
10	2022年9月	17 769	5.23%
11	2022年10月	28 568	8.41%
12	2022年11月	48 889	14.40%
13	2022年12月	58 788	17.32%
14	2023年1月	57 879	14.11%
15	2023年2月	50 787	12.38%
16	2023年3月	40 789	9.95%
17	2023年4月	20 890	5.09%
18	2023年5月	09 090	2.22%
19	2023年6月	08 778	2.14%
20	2023年7月	08 089	1.97%
21	2023年8月	19 778	4.82%
22	2023年9月	27 769	6.77%
23	2023年10月	38 568	9.40%
24	2023年11月	58 889	14.36%
25	2023年12月	68 788	16.77%
26	2024年1月	70 879	
27	2024年2月	68 787	
28	2024年3月	57 889	

图5.38　计算占比

	A	B	C	D
1	时间	销售额	占比	权重
2	2022年1月	50 879	14.99%	1
3	2022年2月	48 787	14.37%	1
4	2022年3月	38 789	11.43%	1
5	2022年4月	17 890	5.27%	1
6	2022年5月	07 890	2.32%	1
7	2022年6月	05 678	1.67%	1
8	2022年7月	05 789	1.71%	1
9	2022年8月	09 778	2.88%	1
10	2022年9月	17 769	5.23%	1
11	2022年10月	28 568	8.41%	1
12	2022年11月	48 889	14.40%	1
13	2022年12月	58 788	17.32%	1
14	2023年1月	57 879	14.11%	2
15	2023年2月	50 787	12.38%	2
16	2023年3月	40 789	9.95%	2
17	2023年4月	20 890	5.09%	2
18	2023年5月	09 090	2.22%	2
19	2023年6月	08 778	2.14%	2
20	2023年7月	08 089	1.97%	2
21	2023年8月	19 778	4.82%	2
22	2023年9月	27 769	6.77%	2
23	2023年10月	38 568	9.40%	2
24	2023年11月	58 889	14.36%	2
25	2023年12月	68 788	16.77%	2
26	2024年1月	70 879		
27	2024年2月	68 787		
28	2024年3月	57 889		

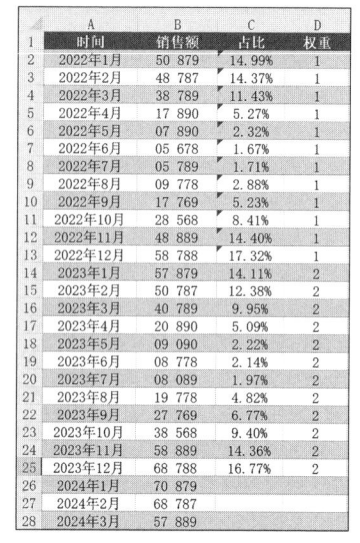

图5.39　赋予权重

③预测占比。根据历史上两年1月权重之积相加除以3得出2024年1月占比，如图5.40所示。

④计算2024年总销售额用1月的销售额除以预测占比，预测出全年的销售额，如图5.41所示。

SUM		✓	fx	=(C2*D2+C14*D14)/3	
	A	B	C	D	E
1	时间	销售额	占比	权重	预测占比
2	2022年1月	50 879	14.99%	1	
3	2022年2月	48 787	14.37%	1	
4	2022年3月	38 789	11.43%	1	
5	2022年4月	17 890	5.27%	1	
6	2022年5月	07 890	2.32%	1	
7	2022年6月	05 678	1.67%	1	
8	2022年7月	05 789	1.71%	1	
9	2022年8月	09 778	2.88%	1	
10	2022年9月	17 769	5.23%	1	
11	2022年10月	28 568	8.41%	1	
12	2022年11月	48 889	14.40%	1	
13	2022年12月	58 788	17.32%	1	
14	2023年1月	57 879	14.11%	2	
15	2023年2月	50 787	12.38%	2	
16	2023年3月	40 789	9.95%	2	
17	2023年4月	20 890	5.09%	2	
18	2023年5月	09 090	2.22%	2	
19	2023年6月	08 778	2.14%	2	
20	2023年7月	08 089	1.97%	2	
21	2023年8月	19 778	4.82%	2	
22	2023年9月	27 769	6.77%	2	
23	2023年10月	38 568	9.40%	2	
24	2023年11月	58 889	14.36%	2	
25	2023年12月	68 788	16.77%	2	
26	2024年1月	70 879			=(C2*D2+C14*D14)/3
27	2024年2月	68 787			
28	2024年3月	57 889			

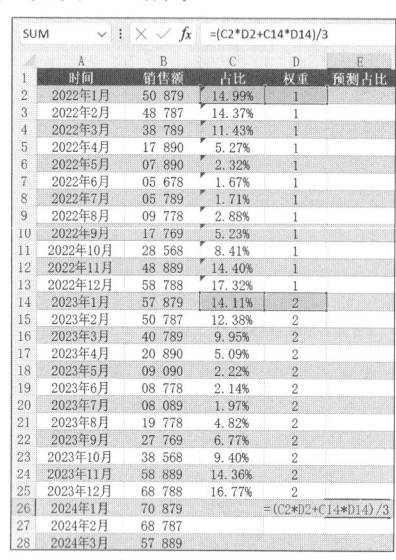

图5.40　计算预测占比

	A	B	C	D	E	F
1	时间	销售额	占比	权重	预测占比	列1
2	2022年1月	50 879	14.99%	1		
3	2022年2月	48 787	14.37%	1		
4	2022年3月	38 789	11.43%	1		
5	2022年4月	17 890	5.27%	1		
6	2022年5月	07 890	2.32%	1		
7	2022年6月	05 678	1.67%	1		
8	2022年7月	05 789	1.71%	1		
9	2022年8月	09 778	2.88%	1		
10	2022年9月	17 769	5.23%	1		
11	2022年10月	28 568	8.41%	1		
12	2022年11月	48 889	14.40%	1		
13	2022年12月	58 788	17.32%	1		
14	2023年1月	57 879	14.11%	2		
15	2023年2月	50 787	12.38%	2		
16	2023年3月	40 789	9.95%	2		
17	2023年4月	20 890	5.09%	2		
18	2023年5月	09 090	2.22%	2		
19	2023年6月	08 778	2.14%	2		
20	2023年7月	08 089	1.97%	2		
21	2023年8月	19 778	4.82%	2		
22	2023年9月	27 769	6.77%	2		
23	2023年10月	38 568	9.40%	2		
24	2023年11月	58 889	14.36%	2		
25	2023年12月	68 788	16.77%	2		
26	2024年1月	70 879			14.40%	=B26/E26
27	2024年2月	68 787				
28	2024年3月	57 889				

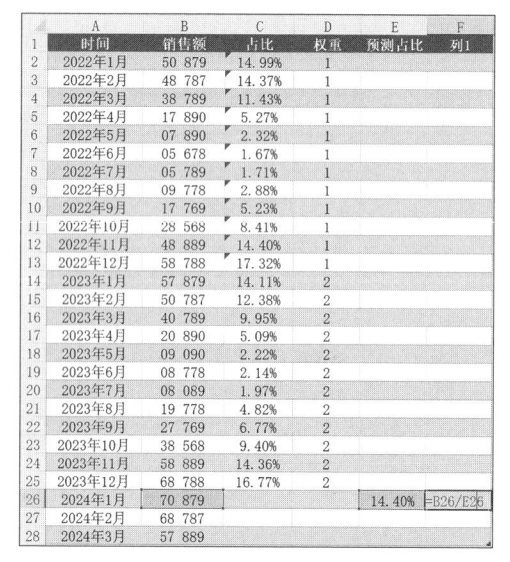

图5.41　计算2024年全年销售额

【得出结果】2024 年 1 月的销售额同比 2023 年上涨了 22%，预测 2024 年的总销售额约为 492 057（图 5.42），2023 年总的销售额为 410 094，预测值比 2023 年上涨约 20%。预测结果较为合理，与 2024 年的销售额目标 50 万元差 7 943 元，建议可以在暑假期间（人流旺季）做些营销活动，或者在年底旺季做满购抽奖活动，提高营收。

	A	B	C	D	E	F
1	时间	销售额	占比	权重	预测占比	列1
2	2022年1月	50 879	14.99%	1		
3	2022年2月	48 787	14.37%	1		
4	2022年3月	38 789	11.43%	1		
5	2022年4月	17 890	5.27%	1		
6	2022年5月	07 890	2.32%	1		
7	2022年6月	05 678	1.67%	1		
8	2022年7月	05 789	1.71%	1		
9	2022年8月	09 778	2.88%	1		
10	2022年9月	17 769	5.23%	1		
11	2022年10月	28 568	8.41%	1		
12	2022年11月	48 889	14.40%	1		
13	2022年12月	58 788	17.32%	1		
14	2023年1月	57 879	14.11%	2		
15	2023年2月	50 787	12.38%	2		
16	2023年3月	40 789	9.95%	2		
17	2023年4月	20 890	5.09%	2		
18	2023年5月	09 090	2.22%	2		
19	2023年6月	08 778	2.14%	2		
20	2023年7月	08 089	1.97%	2		
21	2023年8月	19 778	4.82%	2		
22	2023年9月	27 769	6.77%	2		
23	2023年10月	38 568	9.40%	2		
24	2023年11月	58 889	14.36%	2		
25	2023年12月	68 788	16.77%	2		
26	2024年1月	70 879			14.40%	492 056.93
27	2024年2月	68 787				
28	2024年3月	57 889				

图 5.42　预测结果

5.2　数据量大，不会敲代码，有简单的预测工具吗

如果数据量几十万或者上百万条，使用 Excel 预测出现卡顿，但在没有时间学习代码的情况下，不妨尝试用 SPSS 软件做预测。SPSS 可以处理千万级别的数据，同时也是个快速上手的预测工具，方便好用，无论是业务员、计划员或者是数据分析师，都可以使用 SPSS 做预测。

5.2.1 SPSS 预测工具的介绍

SPSS 是社会科学统计软件，它最突出的特点是操作界面友好，输出结果整洁，有逻辑，是非专业统计人员的首选统计软件之一。本节讲解的是 IBM SPSS Statistics 27 版本，其他版本的操作页面类似，只是 27 版本比 26、23 等版本功能更加全面，新增一些新功能和新用法。但对于日常预测的操作步骤来说基本一样，影响不大。

SPSS 的基本界面主要由以下几部分构成，如图 5.43 所示。

标题栏：显示本项目的标题；

菜单栏：可以做导入文件、编辑、查看、分析等操作；

工具栏：菜单栏下的各项操作工具；

编辑栏：可以编辑数值变量；

序号栏：显示当前的行号；

状态栏：显示当前数据处理状态；

中间一大片格子是数据编辑和显示区域；

左下角是数据视图和变量视图的转换按钮，可以在数据和变量之间进行自由切换。

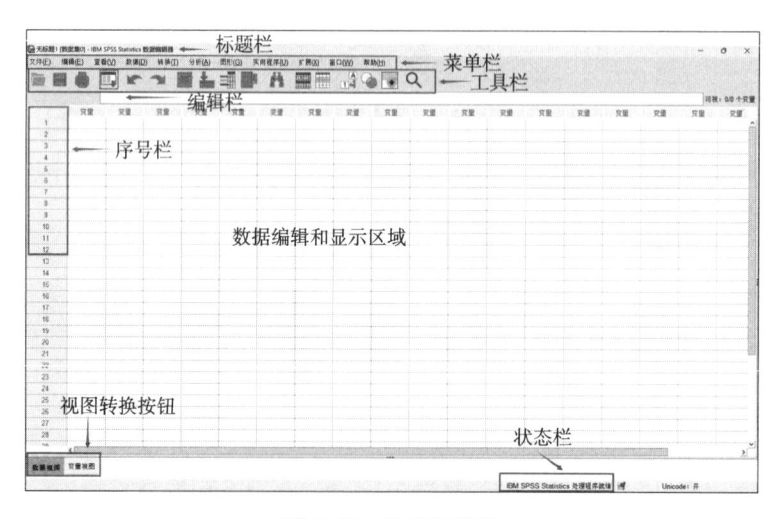

图 5.43　SPSS 界面

5.2.2 SPSS 预测的操作步骤

SPSS 能使用的预测方法有简单指数平滑法、二次指数平滑法、三次指数平滑法、ARIMA、SARIMA、专家预测法。同时使用 SPSS 进行指数平滑的时候不需要自己设置平滑系数，系统会自动计算最优解，同样地，它也包含了各种趋势对应的预测模型，所有趋势都可以用这个软件做预测。其操作过程只需根据选择进行单击，不用写任何函数和代码。学习成本低，如果数据量上百万条，或者既想要用 Excel 上没有的预测方法，又要一款容易上手的工具，SPSS 是很好的选择，一般数据存储在 Excel 中，SPSS 用于存储数据处理后的结果，虽然可以在上面编辑数据，但操作起来没有 Excel 方便，所以通常都是将数据导入到 SPSS 里再操作。下面分别用三组数据来讲解每个方法的操作步骤。

1. 平稳性模型

下面有一组数据（图 5.44、图 5.45），此数据历史销量相差不大，虽然每月递增但趋势较为平稳，现在需要预测 2024 年 11 月和 12 月销量。

时间	销量
2024年1月	17 888
2024年2月	17 890
2024年3月	17 892
2024年4月	17 894
2024年5月	17 896
2024年6月	17 898
2024年7月	17 900
2024年8月	17 902
2024年9月	17 904
2024年10月	17 906

图 5.44　2024 年销量

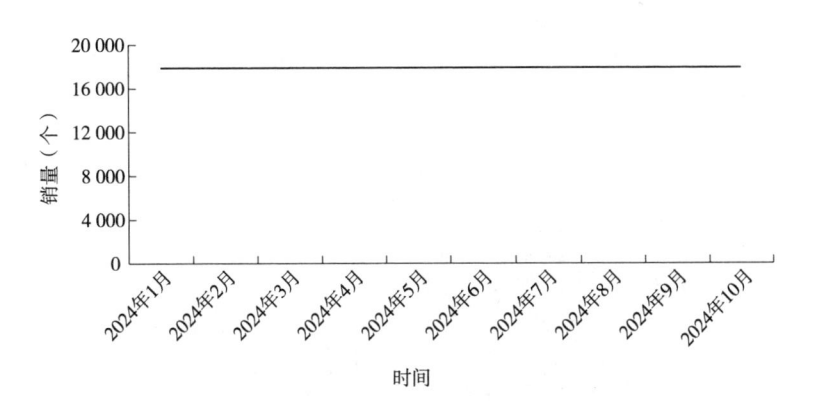

图 5.45　2024 年销量趋势

（1）一次指数平滑法。

①导入数据。单击工具栏的文件夹，文件类型选择 Excel，选择要导入的文件，单击"打开"按钮，或者双击要导入的文件，如图 5.46 所示。

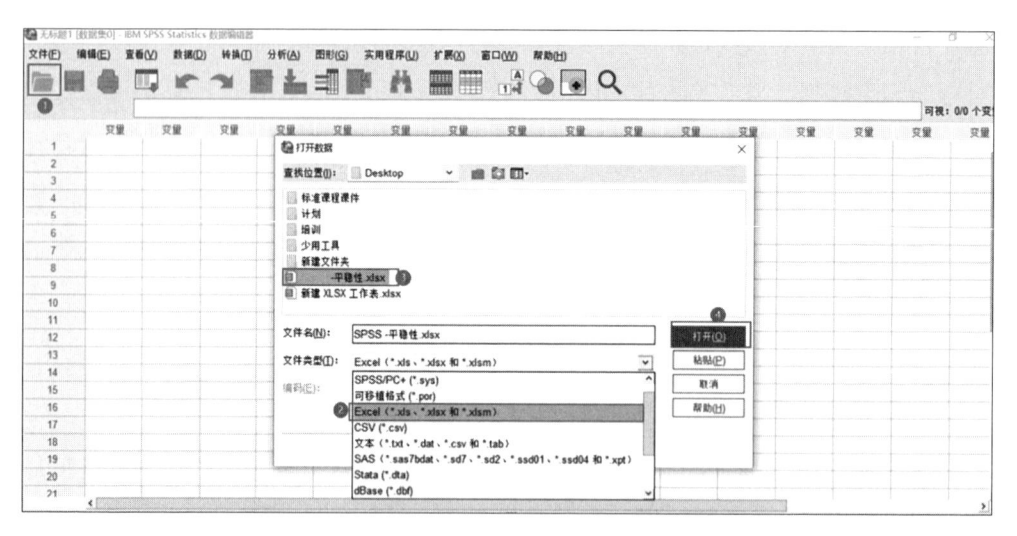

图 5.46　导入数据步骤 1

SPSS 会弹出读取 Excel 文件的对话框，单击"确定"按钮，如图 5.47 所示。

图 5.47　导入数据步骤 2

导入后会弹出输出查看器，记录每次的操作，输出记录与结果，如图 5.48 所示。

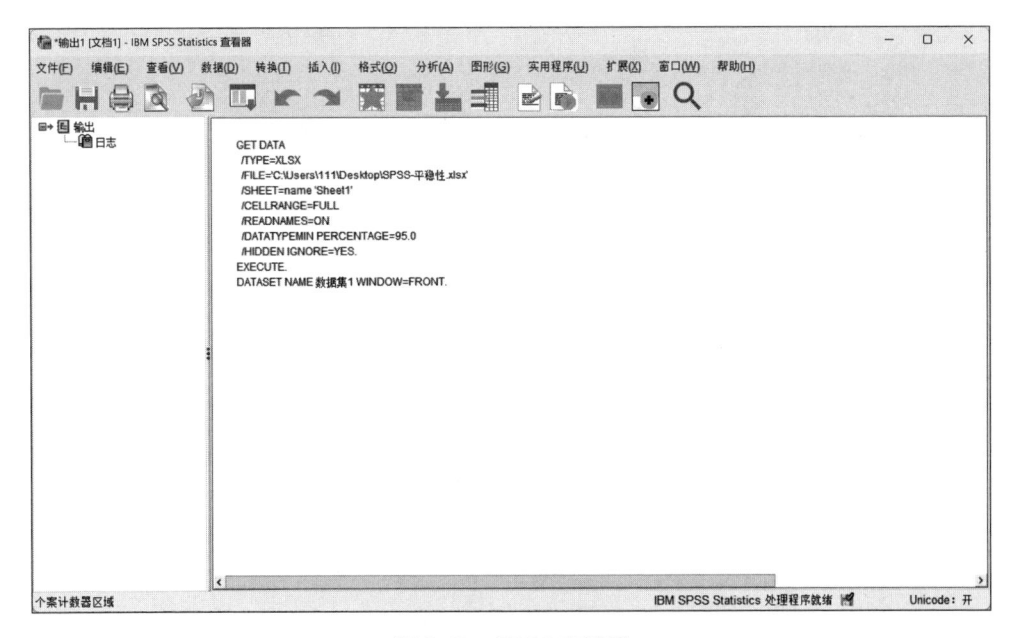

图 5.48　SPSS 查看器

②设置时间。导入的时间是数字格式（图 5.49），我们要设置一列时间。

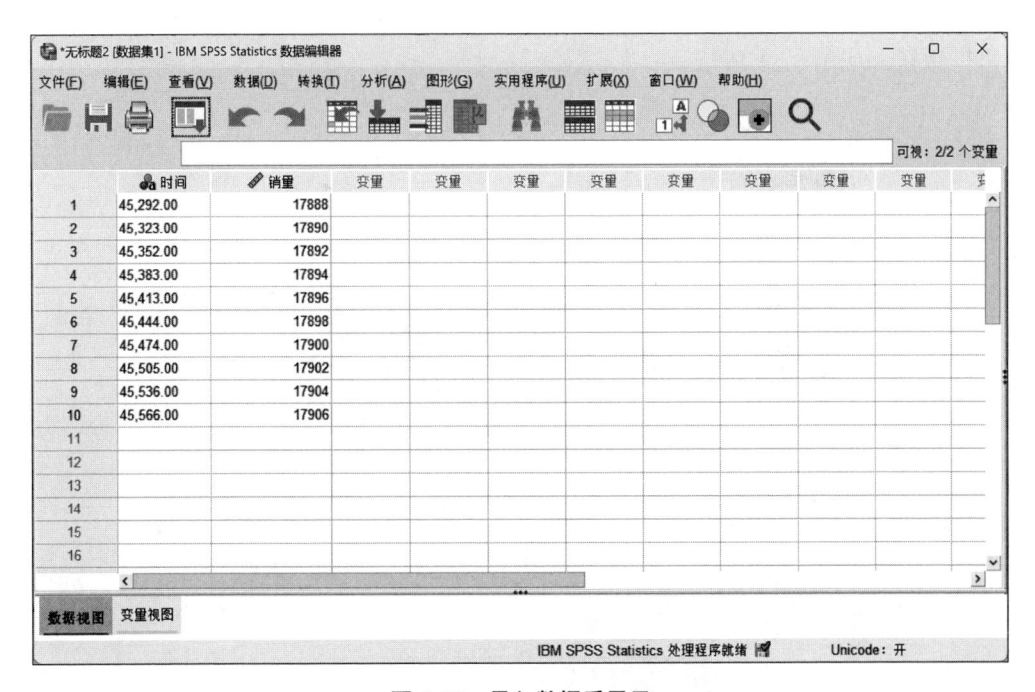

图 5.49　导入数据后显示

单击菜单栏的"数据"→"定义日期和时间"选项，如图 5.50 所示。

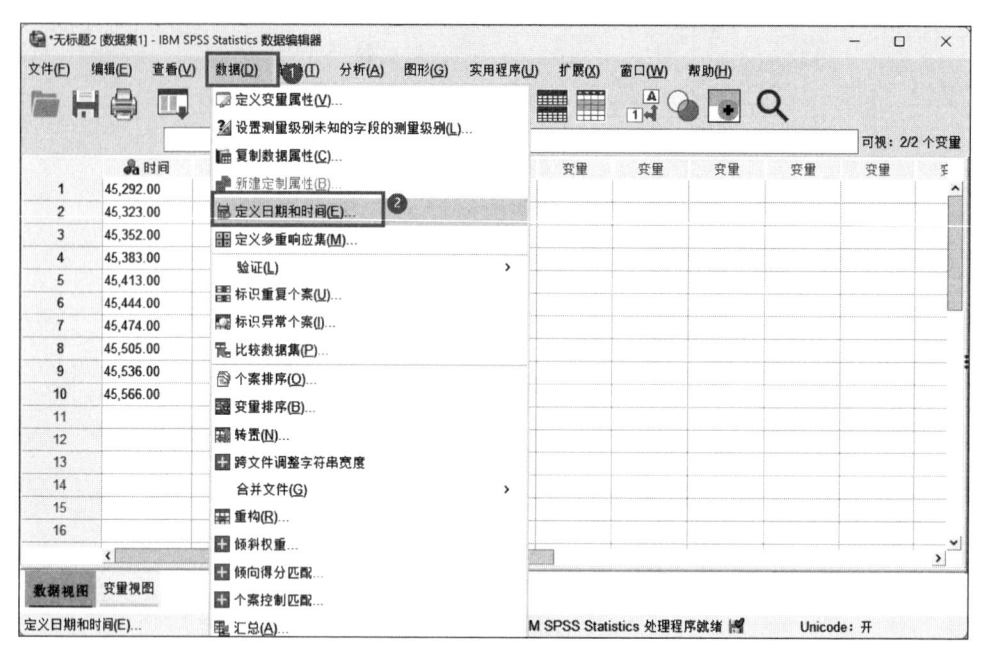

图 5.50　设置时间步骤 1

在"定义日期"对话框中,选择"年,月"选项,年份输入 2024,单击"确定"按钮,如图 5.51 所示。

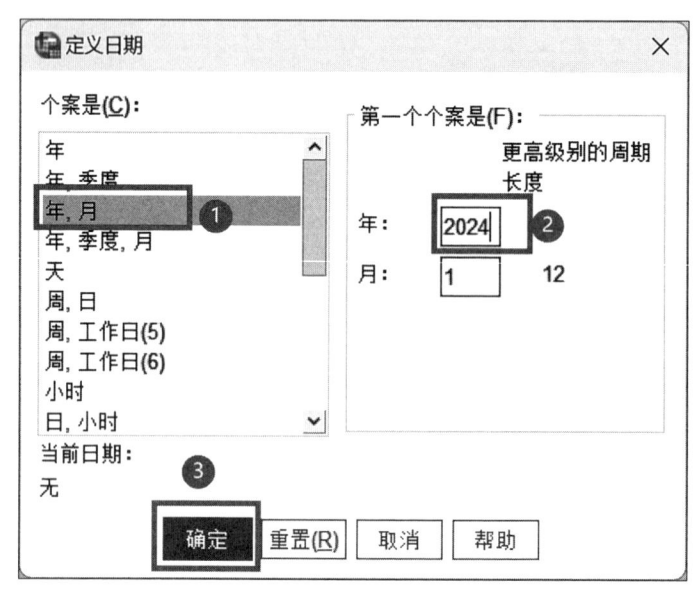

图 5.51　设置时间步骤 2

时间列就生成了，如图 5.52 所示。

图 5.52　生成时间列

③做序列图。我们拿到数据后要先看下数据趋势，在菜单栏单击"分析"→"时间序列预测"→"序列图"选项，如图 5.53 所示。

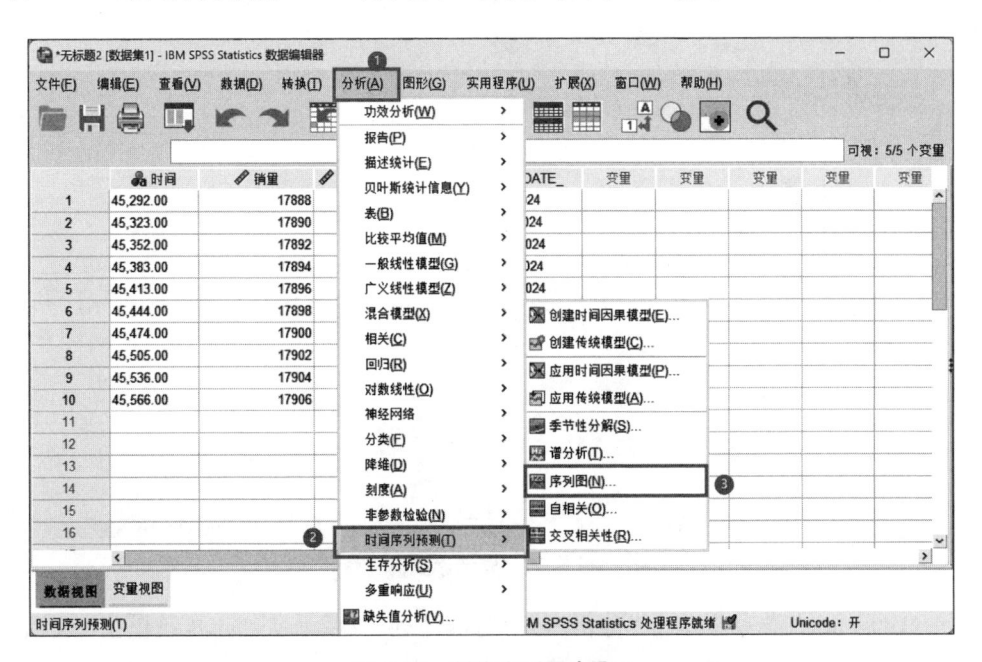

图 5.53　制作序列图步骤 1

在"序列图"对话框中,将销量放到"变量"中,将时间放到"时间轴标签"中,单击"确定"按钮,如图 5.54、图 5.55 所示。

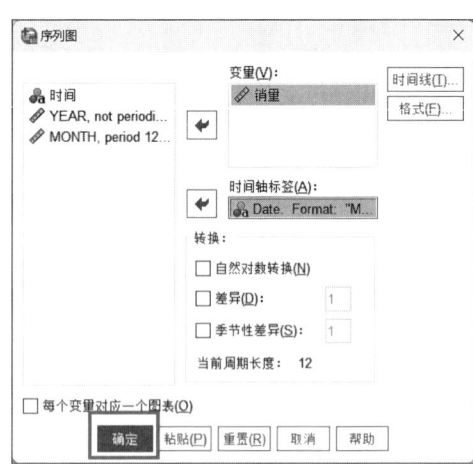

图 5.54 制作序列图步骤 2

图 5.55 制作序列图步骤 3

序列图就会输出到查看器上,这时候看到数据呈明显的上涨趋势,主要原因是 Y 轴数据不是从零开始,且间隔少,趋势变化明显,但这不影响我们用简单指数平滑法做预测,如图 5.56 所示。

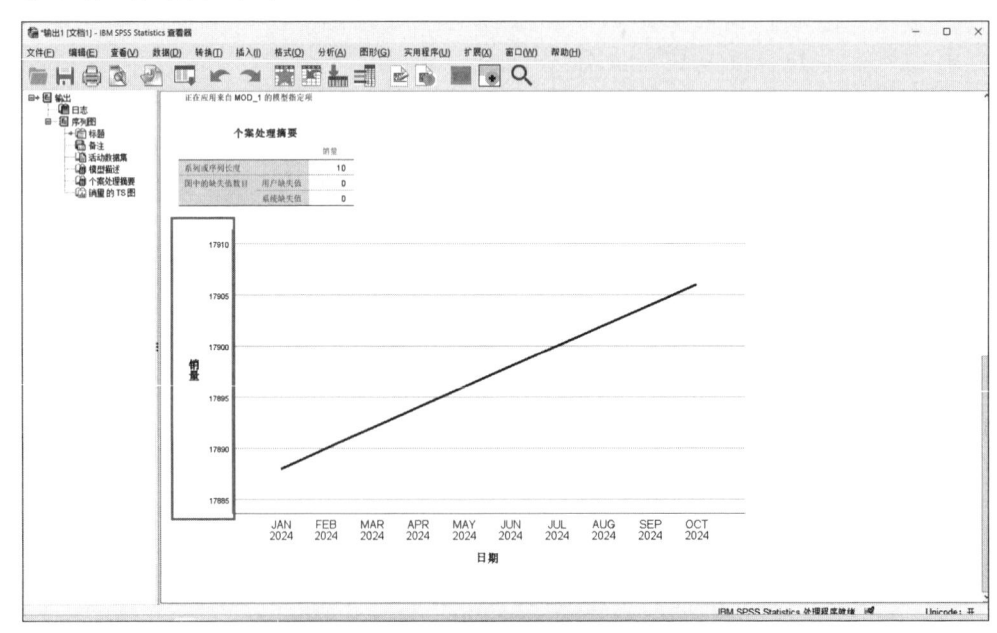

图 5.56 显示序列图

④预测。在菜单栏单击"分析"→"时间序列预测"→"创建传统模型"选项,如图 5.57 所示。

图 5.57 创建传统模型

在"时间序列建模器"对话框中,将销量放到"因变量"里,方法选择"指数平滑",单击"条件"按钮,如图 5.58 所示。

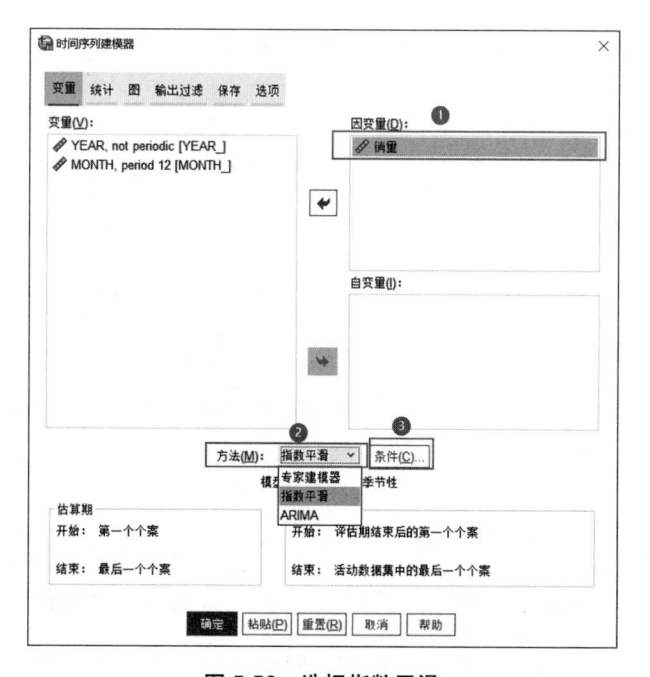

图 5.58 选择指数平滑

在弹出的对话框中,"模型类型"默认"简单",单击"继续"按钮,如

图 5.59 所示。

图 5.59 选择简单指数平滑

单击"统计"按钮，除了默认勾选的以外，还需要手动勾选"R 方"和"显示预测值"选项。R 方是用来看模型的拟合程度，而勾选显示预测值是为了做预测，如图 5.60 所示。

单击"图"按钮，勾选"拟合值""预测的置信区间""拟合值的置信区间"选项，目的是在图上显示拟合线和预测的置信区间线，如图 5.61 所示。

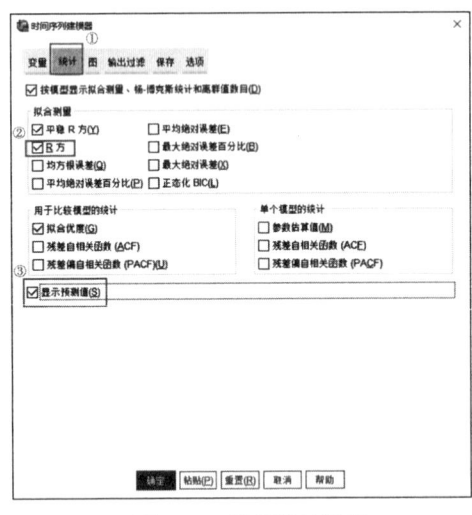

图 5.60 选择统计数据　　　　图 5.61 选择显示图

单击"保存"按钮，勾选"预测值""置信区间下限""置信区间上限"的"保存"选项，如图 5.62 所示。

单击"选项"按钮，勾选"评估期结束后的第一个个案到指定日期之间的个案"选项，在"日期"下填写要预测的截止日期，单击"确定"按钮，如图 5.63 所示。

图 5.62　保存预测值

图 5.63　填写预测截止时间

⑤结果分析。查看器的结果如图 5.64 所示。

a. 模型类型：简单指数平滑。

b. R 方为 0.891，模型的拟合度较高。

c. 预测结果为 11 月是 17 906，12 月是 17 906。

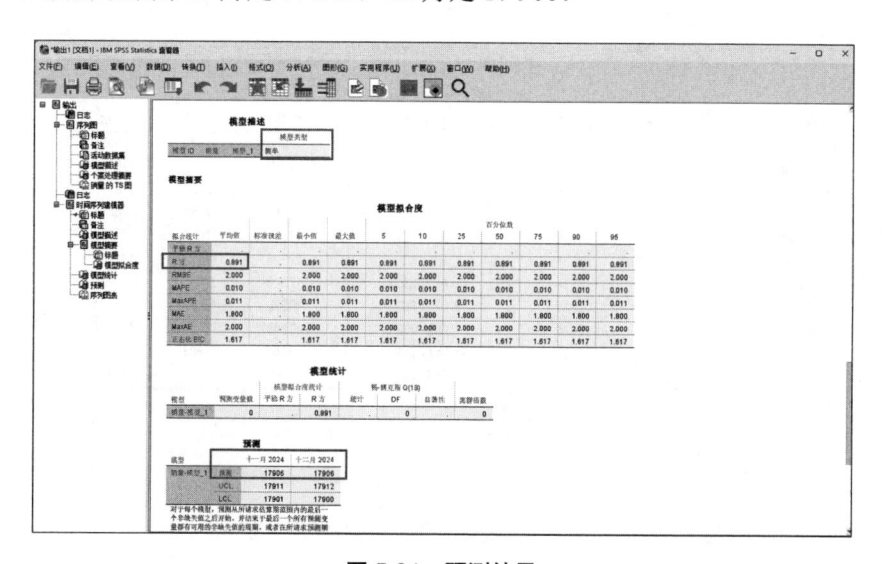

图 5.64　预测结果

预测的趋势线如图 5.65 所示。从图例上解读，UCL 和 LCL 是预测的置信区间，实测是实际值，拟合是预测历史值，预测的是 2024 年 11 月 12 日的值，从趋势来看预测值是平稳的。

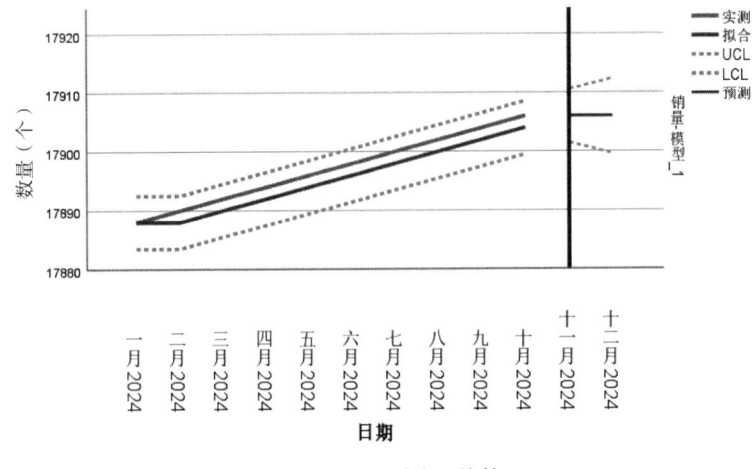

图 5.65 预测结果趋势

SPSS 显示结果如图 5.66 所示，有预测值和置信区间的值。

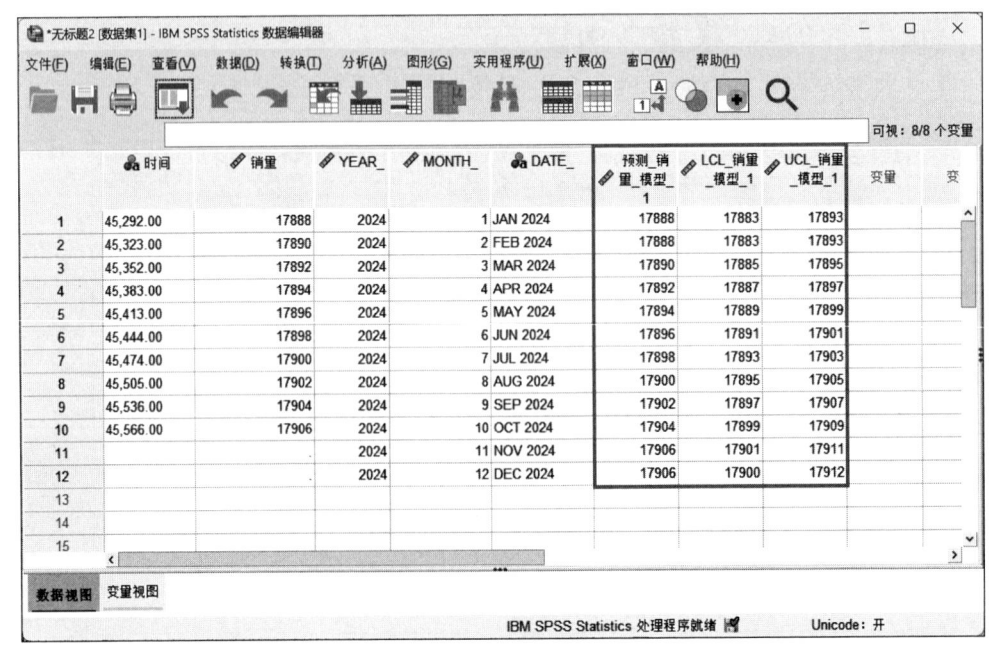

图 5.66 预测结果

整个预测的操作流程就结束了，如果想要保存该结果，在菜单栏单击"文件"按钮，选择"另存为"选项。在打开的"将数据另存为"对话框中，保存类型可以选择 Excel，更改文件名称后，单击"保存"按钮即可，如图 5.67、图 5.68 所示。

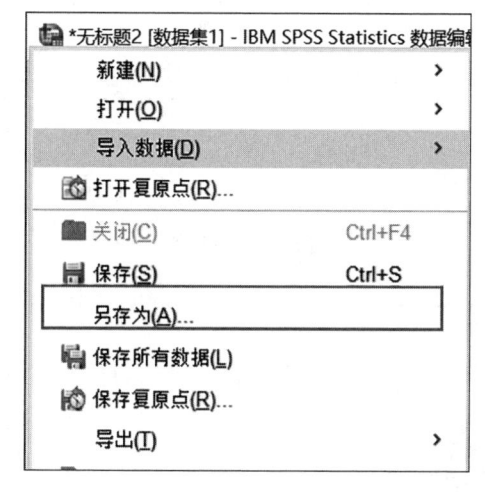

图 5.67 另存为

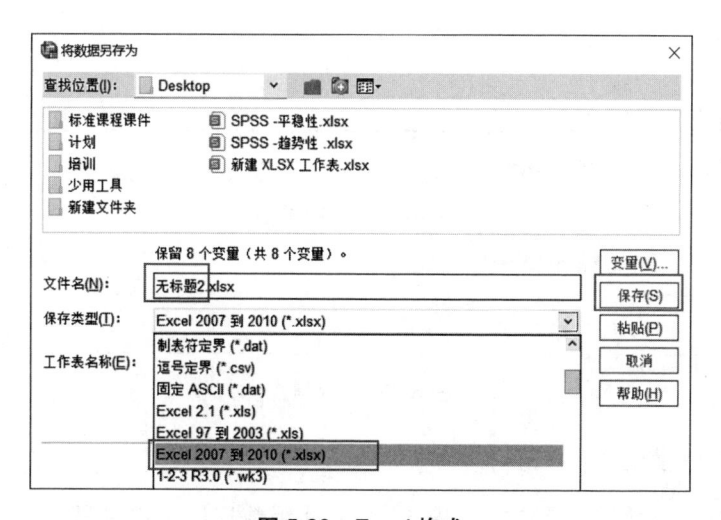

图 5.68 Excel 格式

查看器的内容同样也可以另存为，但只能保存 spv 格式，下次使用时只能用 SPSS 打开查看，如图 5.69、图 5.70 所示。

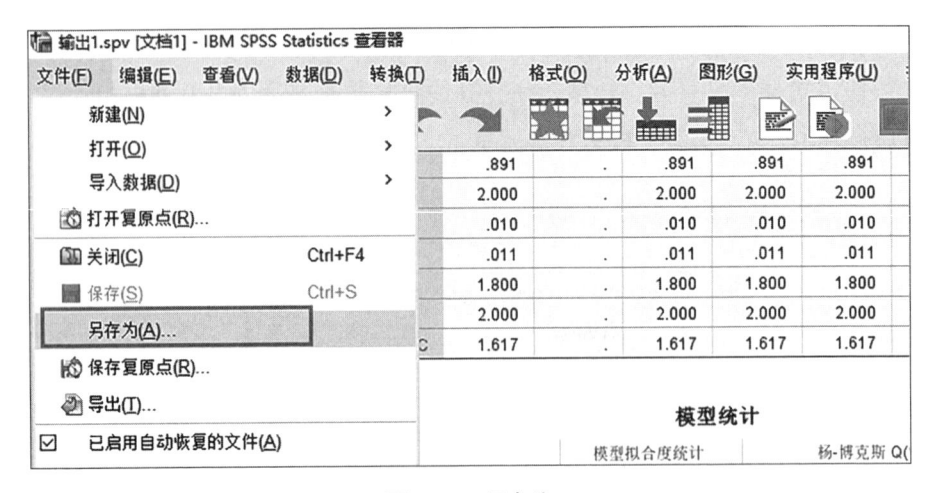

图 5.69 另存为

图 5.70 spv 格式

2. 趋势性模型

下面有一组数据（图 5.71、图 5.72），此组数据历史销量呈上涨趋势，现在需要预测 2024 年 12 月的销量。

时间	销量
2023年1月	17 888
2023年2月	17 891
2023年3月	17 892
2023年4月	17 895
2023年5月	17 896
2023年6月	17 899
2023年7月	17 894
2023年8月	17 906
2023年9月	17 911
2023年10月	17 923
2023年11月	17 944
2023年12月	17 956
2024年1月	17 961
2024年2月	17 977
2024年3月	17 982
2024年4月	17 993
2024年5月	18 104
2024年6月	18 205
2024年7月	18 306
2024年8月	18 407
2024年9月	18 508
2024年10月	18 609
2024年11月	18 710

图 5.71 历史销量

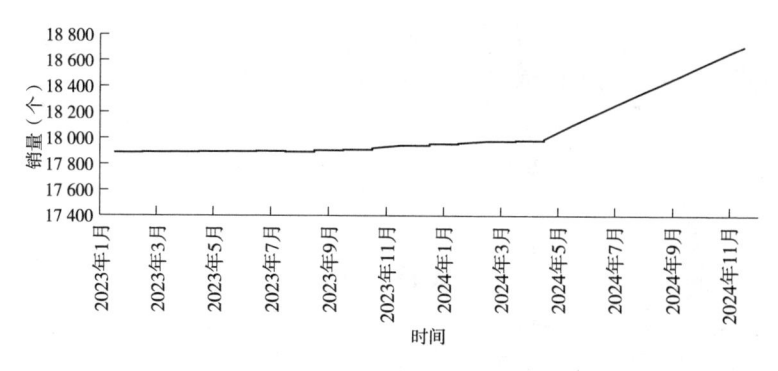

图 5.72 历史销量趋势

（1）二次指数平滑法。

①导入数据。步骤同 P97，此处不再赘述，导入后如图 5.73 所示。

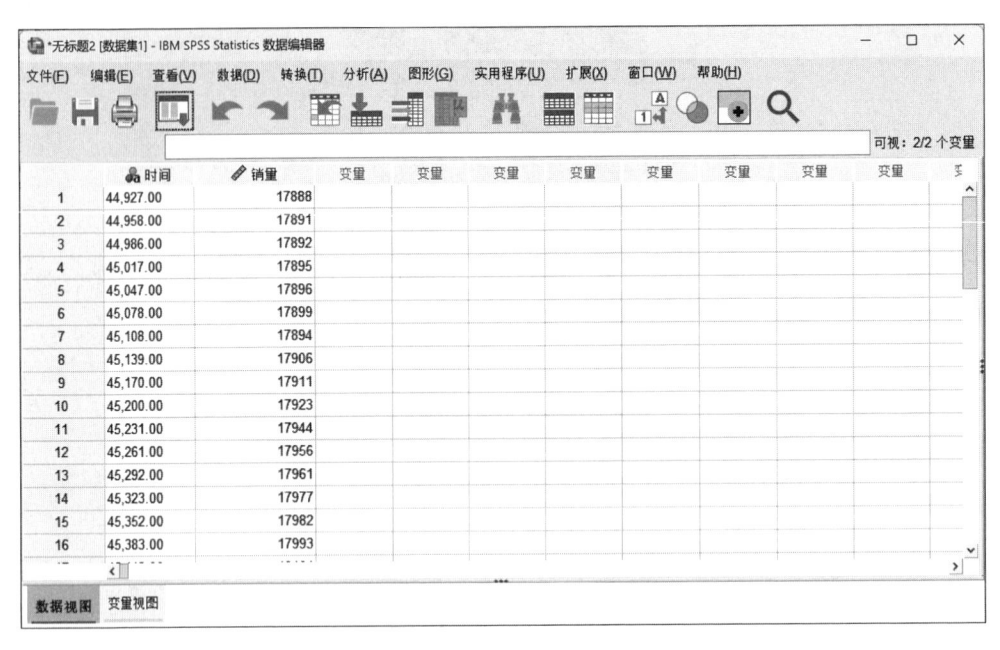

图 5.73 导入数据

②设置时间。设置开始时间为 2023 年 1 月，步骤同 P100，设置后如图 5.74 所示。

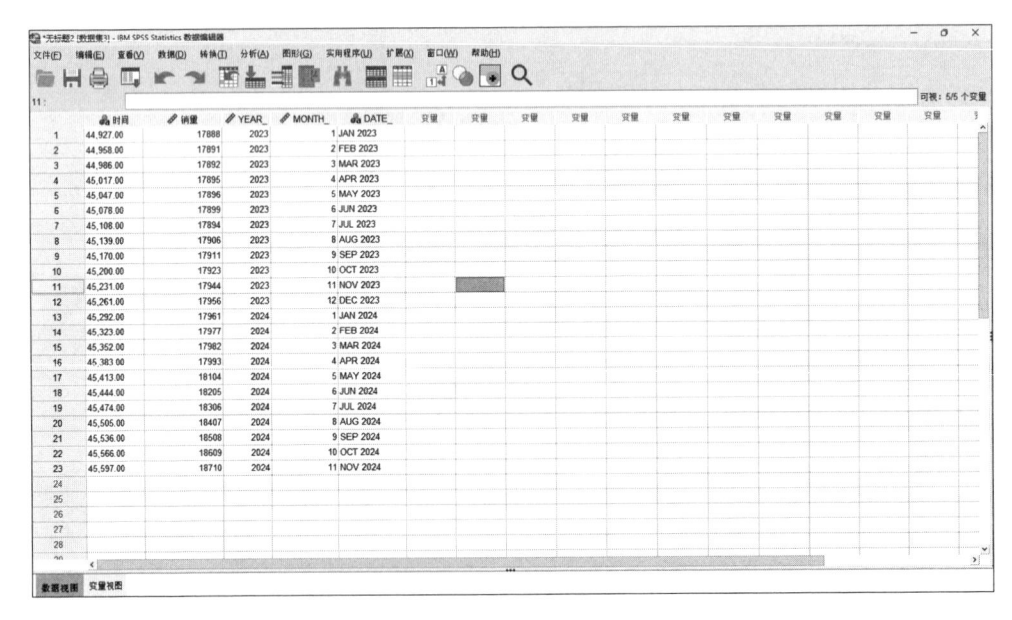

图 5.74 设置时间

③画序列图。步骤同 P101，设置后如图 5.75 所示。

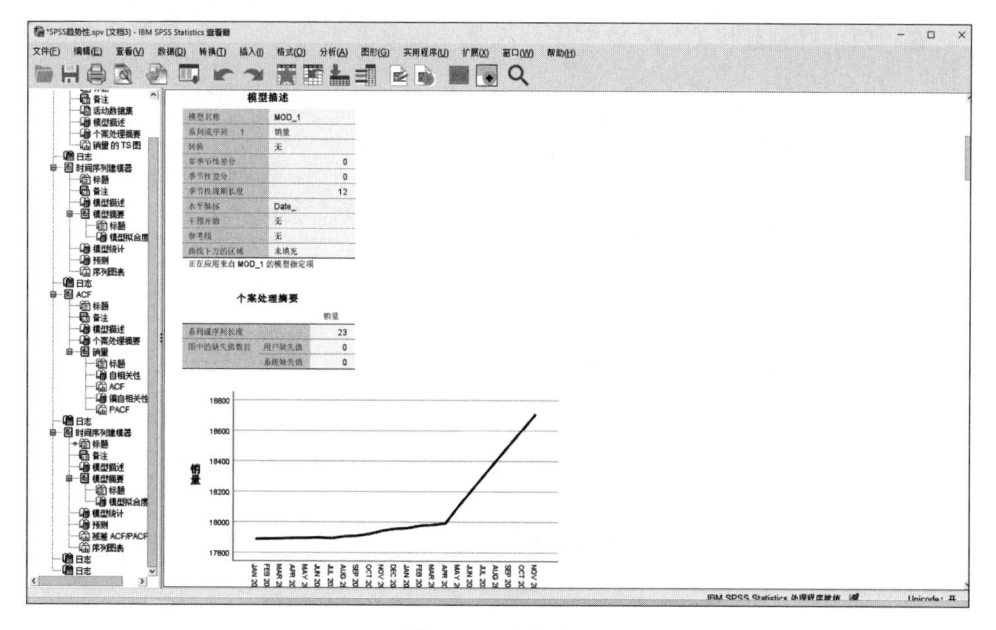

图 5.75　画序列图

④建模预测。这里同样在菜单栏单击"分析"→"时间序列预测"→"创建传统模型"选项，如图 5.76 所示。

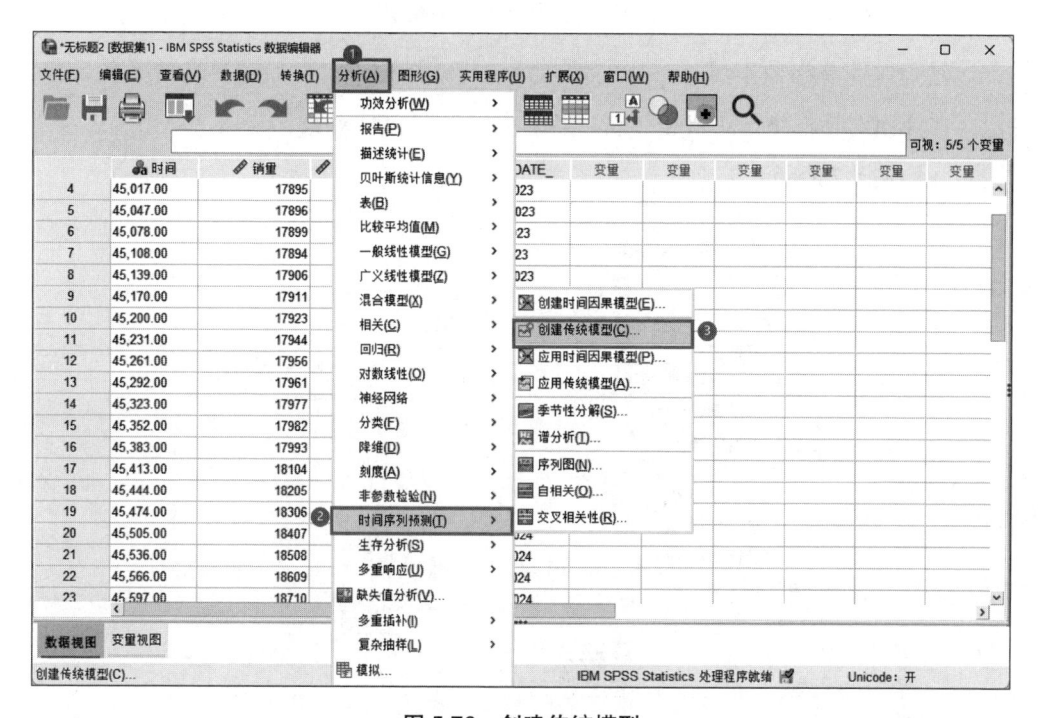

图 5.76　创建传统模型

在"时间序列建模器"对话框中,选择"指数平滑"模型,如图5.77所示。

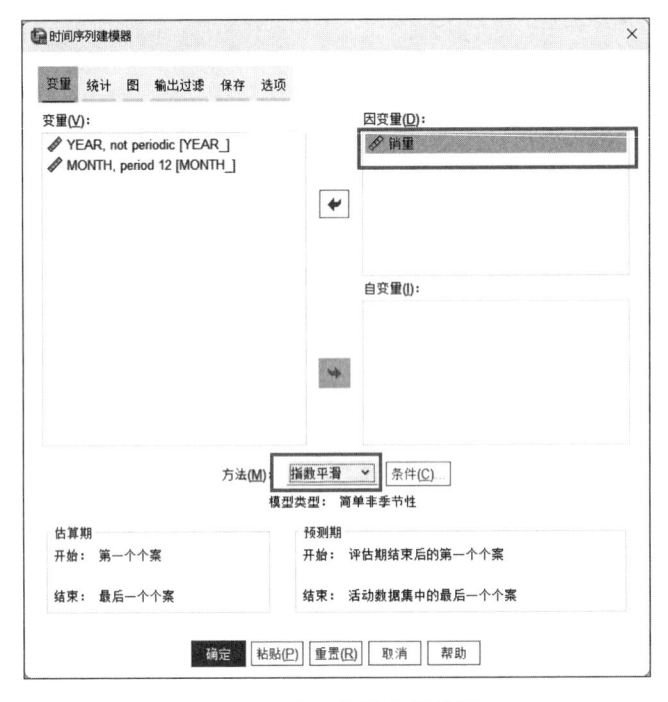

图 5.77　选择指数平滑模型

这里跟简单指数平滑不一样的地方是选择"指数平滑"后,单击"条件"按钮,在弹出对话框中选中"霍尔特线性趋势"与"自然对数"选项,单击"继续"按钮,如图5.78所示。

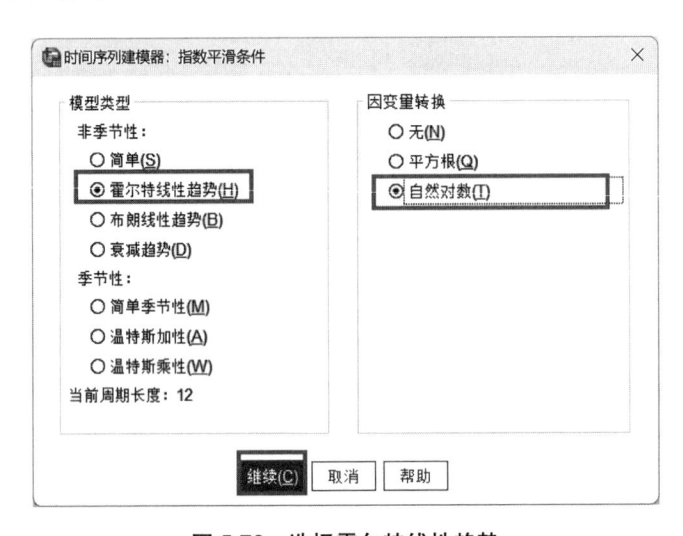

图 5.78　选择霍尔特线性趋势

后面的"统计""图""保存""选项"跟之前的设置一致,如图 5.79 所示。

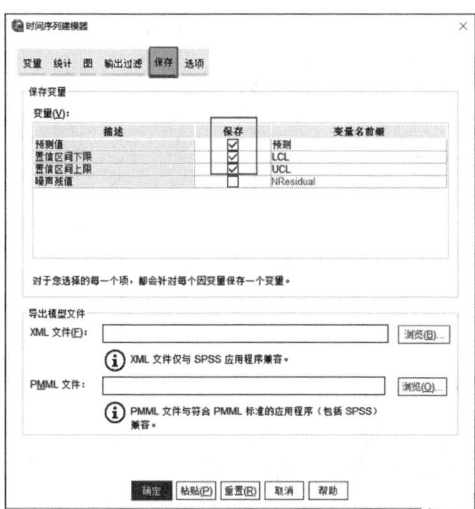

图 5.79 预测设置

⑤结果分析。模型是霍尔特模型,是 Holt 模型翻译过来的,指的是二次指数平滑模型。

R 方为 0.992,拟合效果较好,预测的结果是 18 812,如图 5.80~图 5.82 所示。

(2) ARIMA。因为 ARIMA 模型也是预测趋势性的销量,我们可以用以上数据源继续讲解 ARIMA 模型预测步骤,前面三步导入数据、设置时间、画序列图已经做过了,这里不需要再重复。

①降差分。由于这是向上的趋势,不平稳,需要降 1 次差分。单击"分析"→"时间序列预测"→"自相关"选项,如图 5.83 所示。

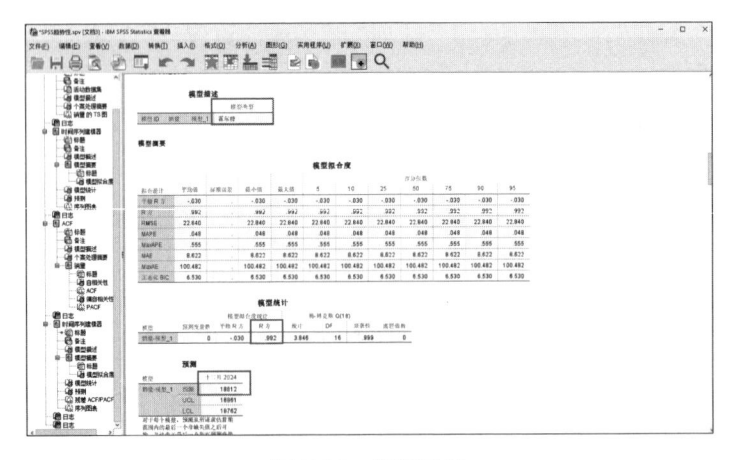

图 5.80 预测结果

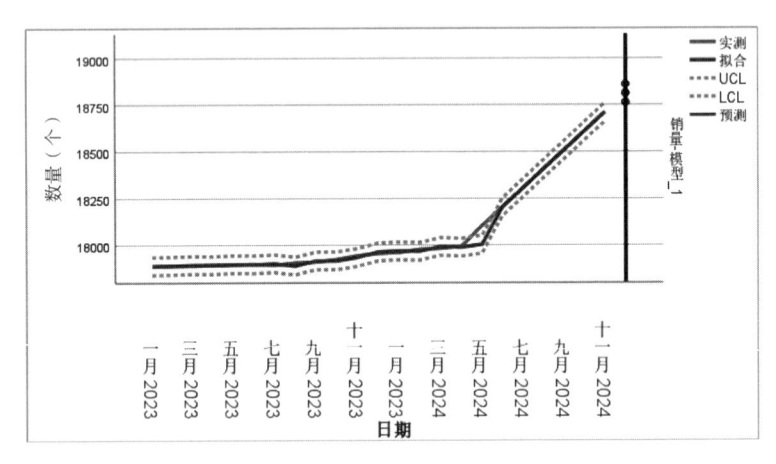

图 5.81 预测结果趋势

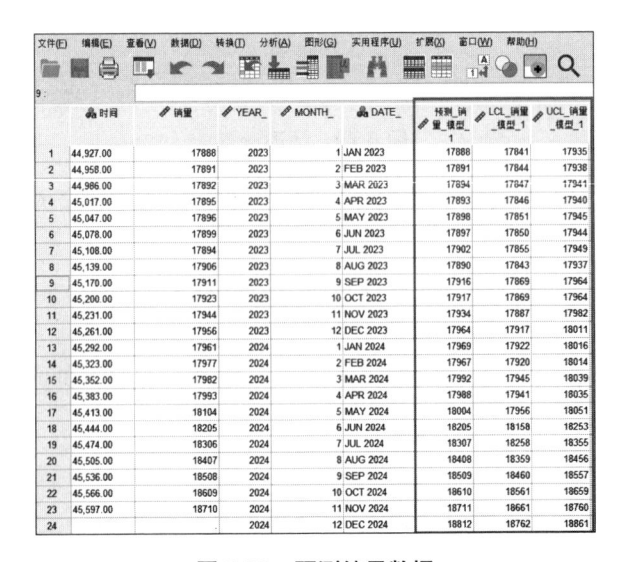

图 5.82 预测结果数据

图 5.83 选择自相关

在"自相关性"对话框中,将销量放到"变量"里,勾选"差异"选项,单击"确定"按钮,如图 5.84 所示。

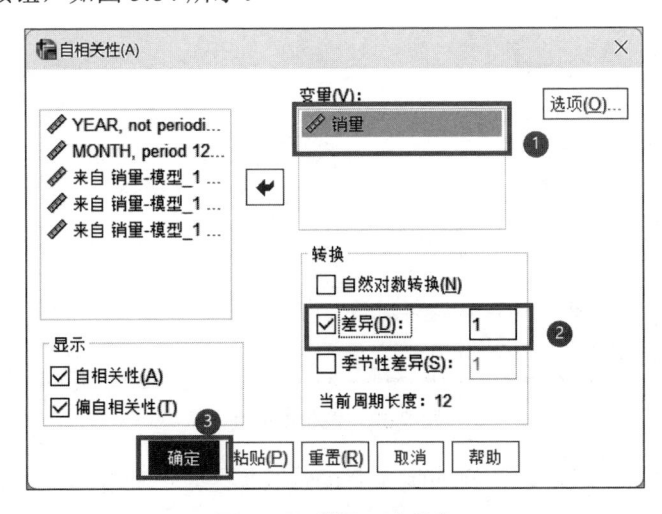

图 5.84 选择 1 次差分

图 5.85 展现了自相关性，图中数据在没有降差分前不平稳，多处超出置信区间。

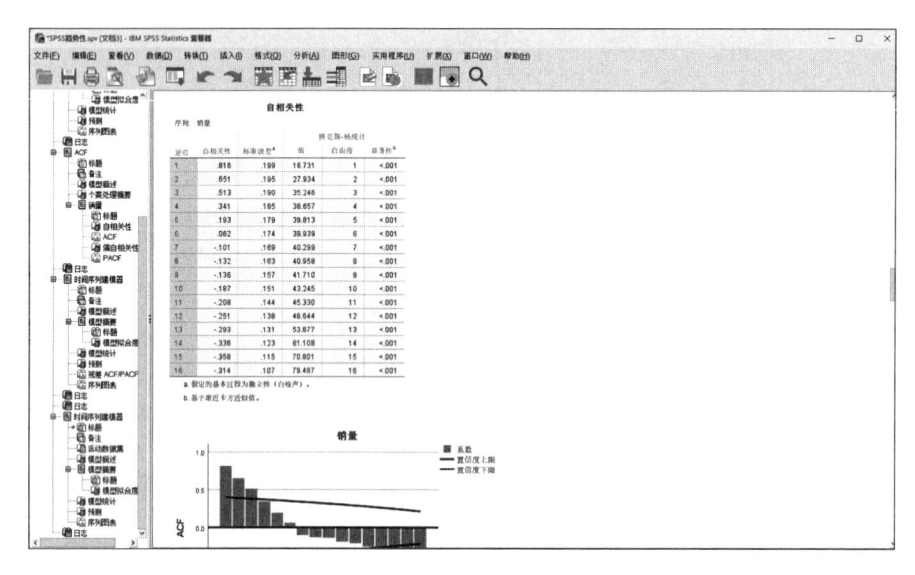

图 5.85　自相关性

图 5.86 展现了偏自相关性，数据在降一次差分后变得平稳，大部分数据都在置信区间内，所以降一次差分就够，不需要再继续降。

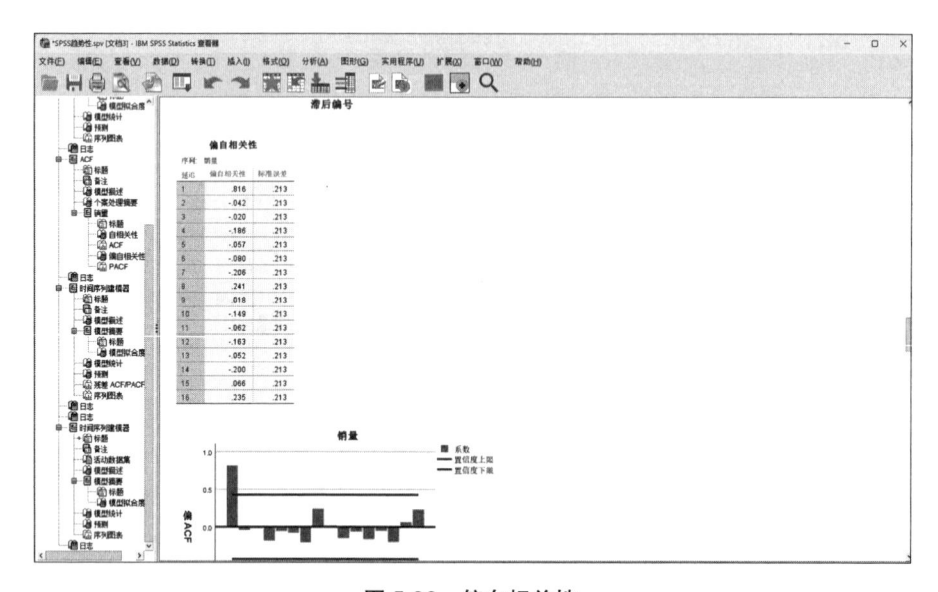

图 5.86　偏自相关性

②建模预测。跟之前一样的步骤创建传统模型，将销量放到"因变量"，方法选择 ARIMA 选项，如图 5.87 所示。

在"时间序列建模器"对话框中,单击"条件"按钮,在弹出的对话框中将"非季节性"的参数都设置为1,选择"自然对数"选项,单击"继续"按钮,如图 5.88 所示。

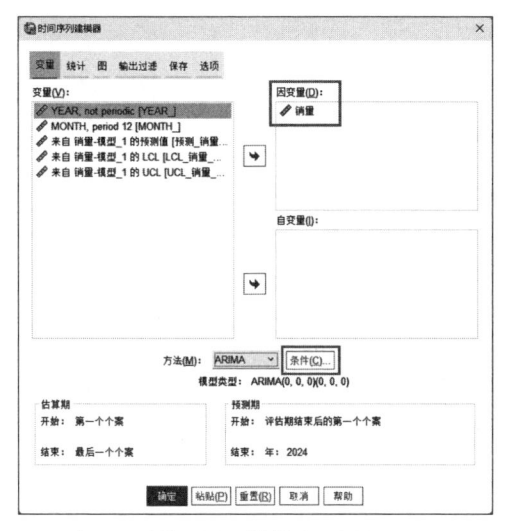

图 5.87 选择 ARIMA

图 5.88 设置参数

单击"图"按钮,将"单个模型的图"中的选项全部勾选,如图 5.89 所示。"保存"与"选项"跟之前设置的一样,如图 5.90、图 5.91 所示。

图 5.89 设置图

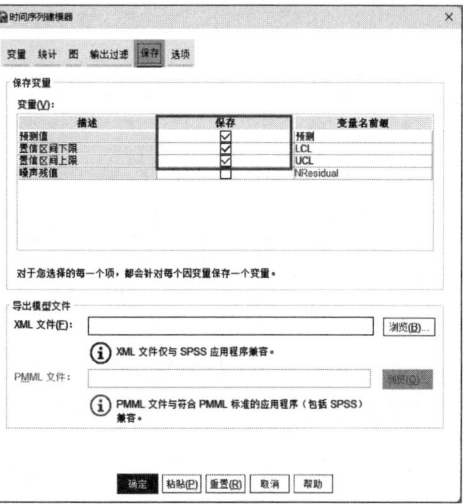

图 5.90 设置保存

图 5.91 设置选项

③结果分析。如图 5.92 所示，模型用的是 ARIMA（1,1,1），这里需要观察平稳 R 方和 R 方。

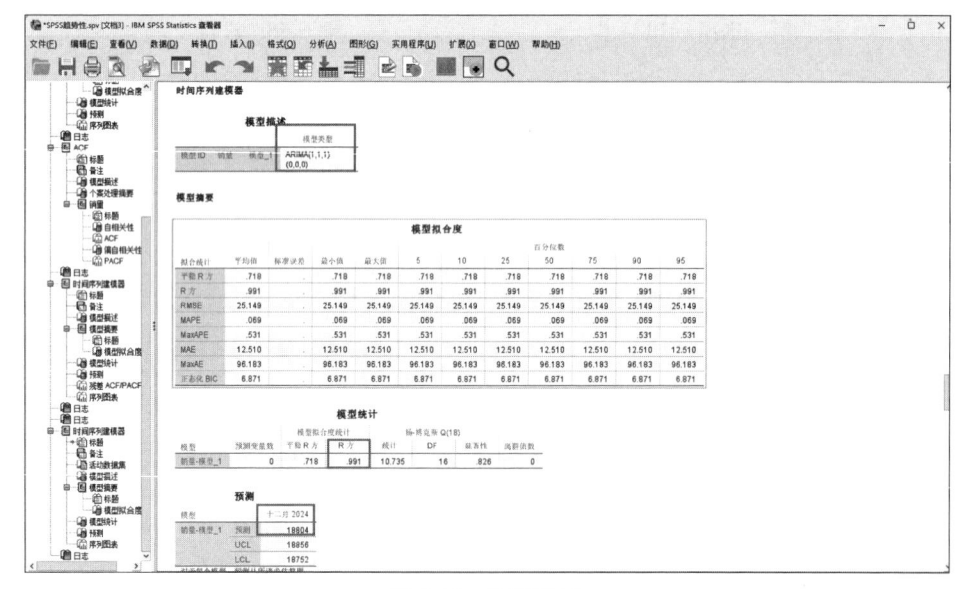

图 5.92 预测结果

平稳 R 方和 R 方的区别如下所述。

平稳 R 方：用于比较模型中的固定成分与一个简单均值模型的差别。当原始序列有趋势成分或者季节成分时，优于 R 方统计量。当其小于 0 时，表示当前模型没有基本均值模型好，反之，则优于基本均值模型。

R 方：用于估计由模型解释的变异在总变异中的比例。当原始序列为平稳序列时，优于平稳 R 方统计量。当其小于 0 时，表示当前模型没有基本均值模型好，反之，则优于基本均值模型。

平稳 R 方与 R 方的值都较高，说明模型拟合效果较好，得出的预测结果是 18 804。

残差与趋势线的结果如图 5.93 所示。预测数据结果如图 5.94 所示。

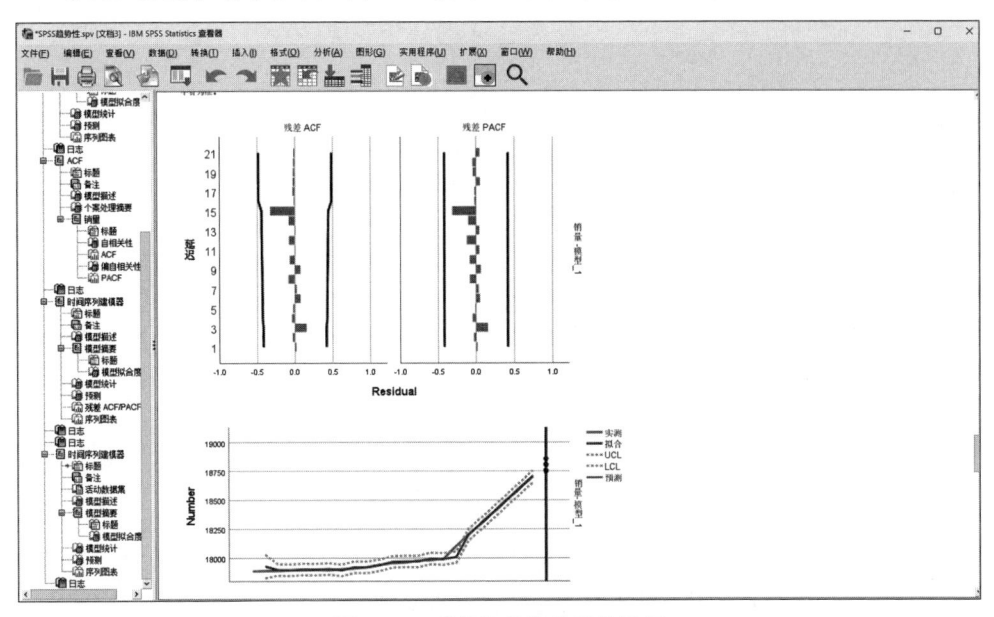

图 5.93　残差与趋势线的结果图

图 5.94　预测数据结果图

3. 季节性模型

下面有一组数据（图 5.95、图 5.96），此数据历史销量呈上涨趋势，现需要预测 2024 年 10 月～12 月的销量。

时间	销量
2022年1月	17 878
2022年2月	10 787
2022年3月	17 783
2022年4月	17 890
2022年5月	27 677
2022年6月	40 878
2022年7月	46 768
2022年8月	58 788
2022年9月	58 787
2022年10月	48 789
2022年11月	27 677
2022年12月	18 053
2023年1月	17 890
2023年2月	09 088
2023年3月	16 898
2023年4月	17 890
2023年5月	25 880
2023年6月	38 909
2023年7月	42 889
2023年8月	55 887
2023年9月	57 888
2023年10月	47 456
2023年11月	29 767
2023年12月	16 988
2024年1月	17 880
2024年2月	10 799
2024年3月	17 799
2024年4月	17 900
2024年5月	27 700
2024年6月	40 900
2024年7月	46 800
2024年8月	58 800
2024年9月	58 800

图 5.95　销量数据

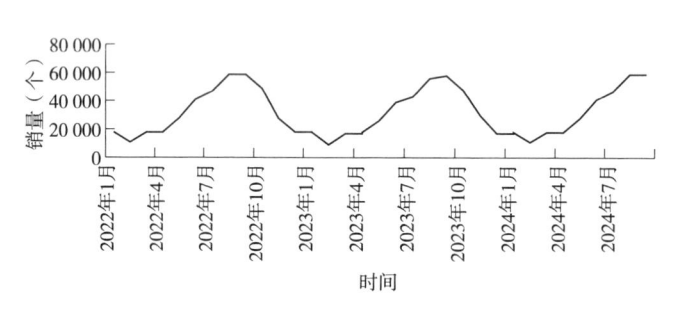

图 5.96　销量趋势

（1）三次指数平滑法。

①导入数据。在工具栏单击"文件"按钮，文件类型选择"所有文件"选项，选择要导入的数据，单击"打开"按钮，如图 5.97 所示。

②设置时间。在菜单栏单击"数据"→"定义日期和时间"选项。在打开的对话框中，选择"年，月"选项，输入"2023，1"，单击"确定"按钮，如图 5.98、图 5.99 所示。

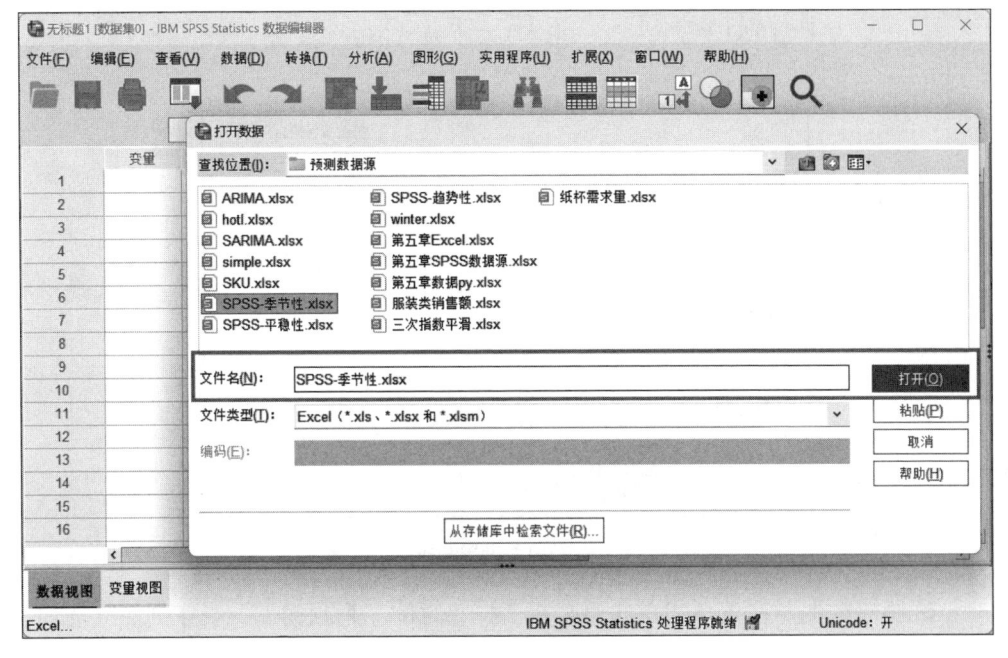

图 5.97　导入数据

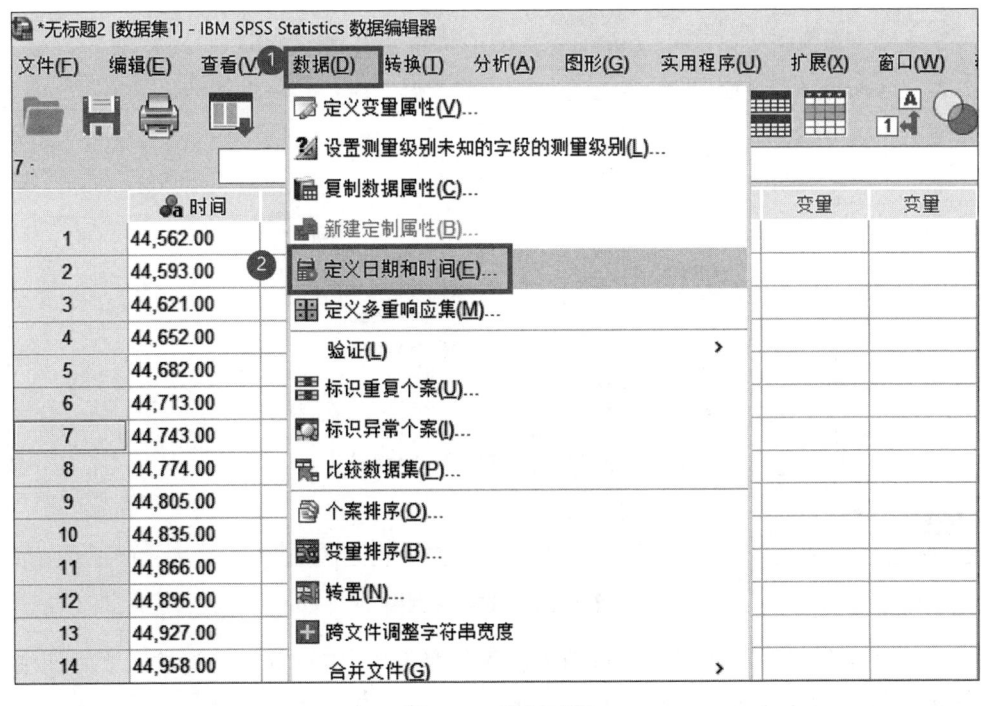

图 5.98　设置时间

图 5.99 设置日期

③画序列图。在菜单栏单击"分析"→"时间序列预测"→"序列图"选项，如图 5.100 所示。

图 5.100 选择序列图

在"序列图"对话框中，将销量放入"变量"，将设置的时间放入"时间轴标签"，如图 5.101 所示。设置结果如图 5.102 所示。

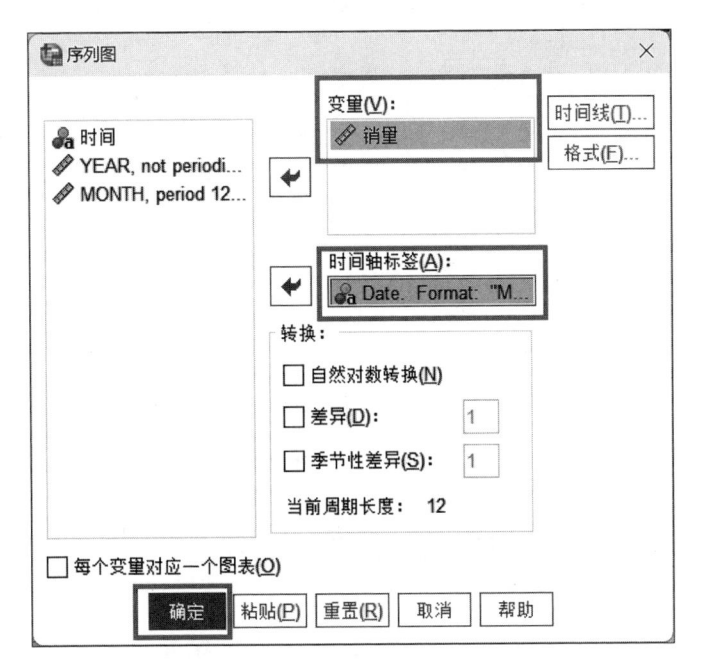

图 5.101 选择字段

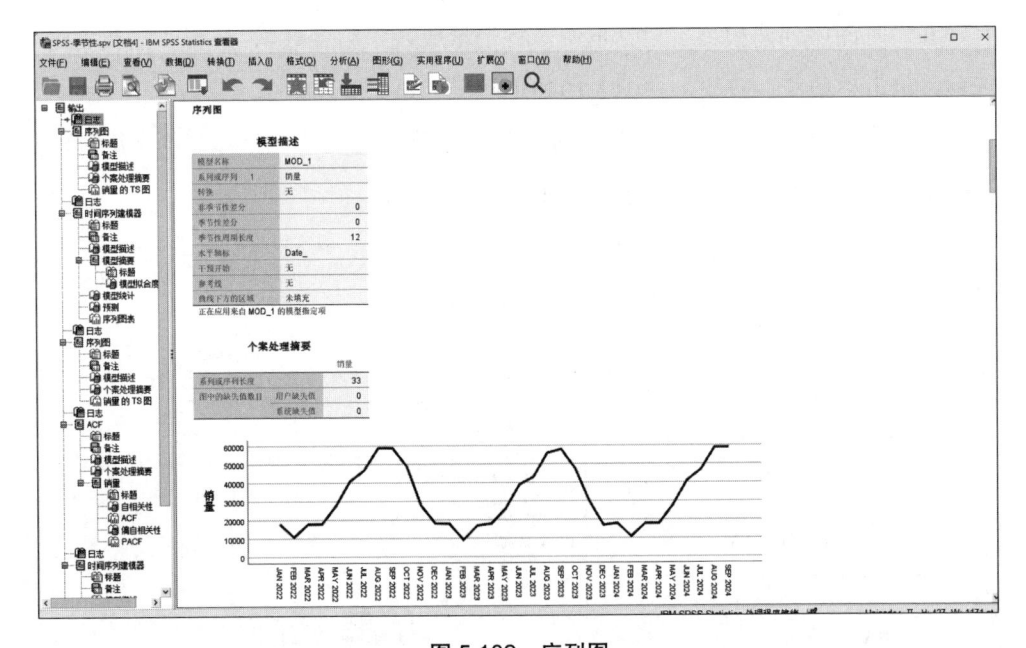

图 5.102 序列图

④建模预测。在菜单栏单击"分析"→"时间序列预测"→"创建传统模型"选项，如图 5.103 所示。

图 5.103 创建传统模型

在"时间序列建模器"对话框中,将销量放入"因变量",选择"指数平滑"选项,单击"条件"按钮,如图 5.104 所示。

在弹出对话框中,选中"温特斯乘性"选项,这是三次指数平滑 winters 模型的中文名称。单击"继续"按钮,如图 5.105 所示。

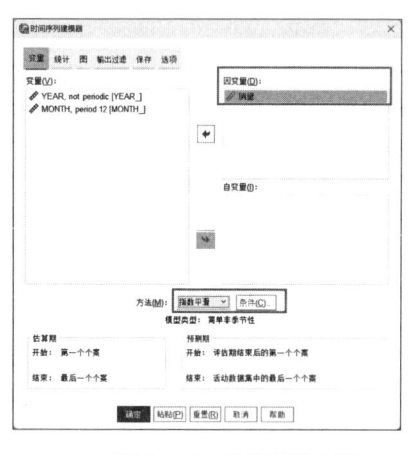

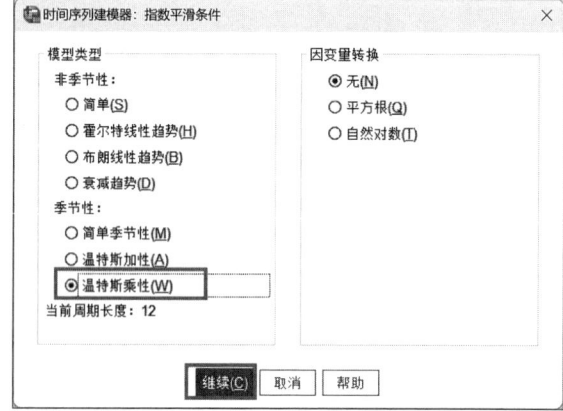

图 5.104 选择指数平滑   图 5.105 选择温特斯乘性

单击"统计"按钮,除了默认勾选外,"R 方"和"显示预测值"要勾选上,如图 5.106 所示。

单击"图"按钮,将"单个模型的图"左边选项全部勾选上,如图5.107所示。

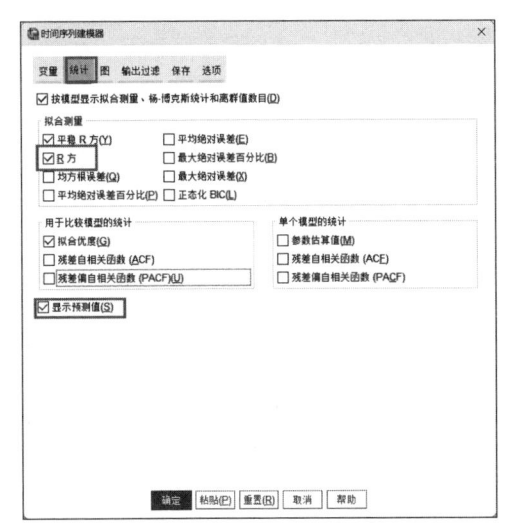

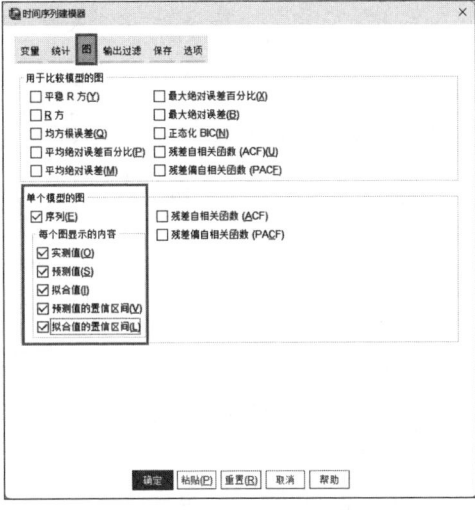

图 5.106　设置统计

图 5.107　设置图

单击"保存"按钮,"变量"设置中勾选前三个选项,如图5.108所示。

单击"选项"按钮,"预测期"设置中选择第二个选项,输入预测截止时间,2024年12月,如图5.109所示。

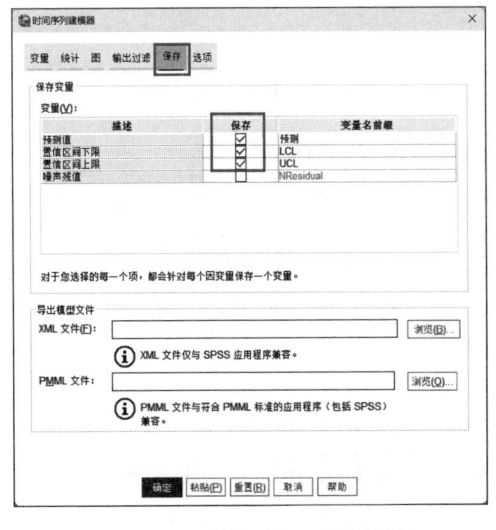

图 5.108　设置保存

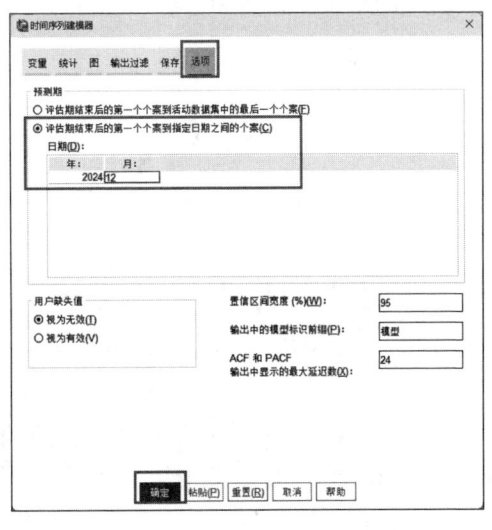

图 5.109　设置选项

⑤ 结果分析。

如图 5.110 所示，模型是温特斯乘性模型，R 方为 0.996，平稳 R 方为 0.401，模型拟合效果较好，预测未来 3 个月销量结果为 49 738、30 158、18 021。

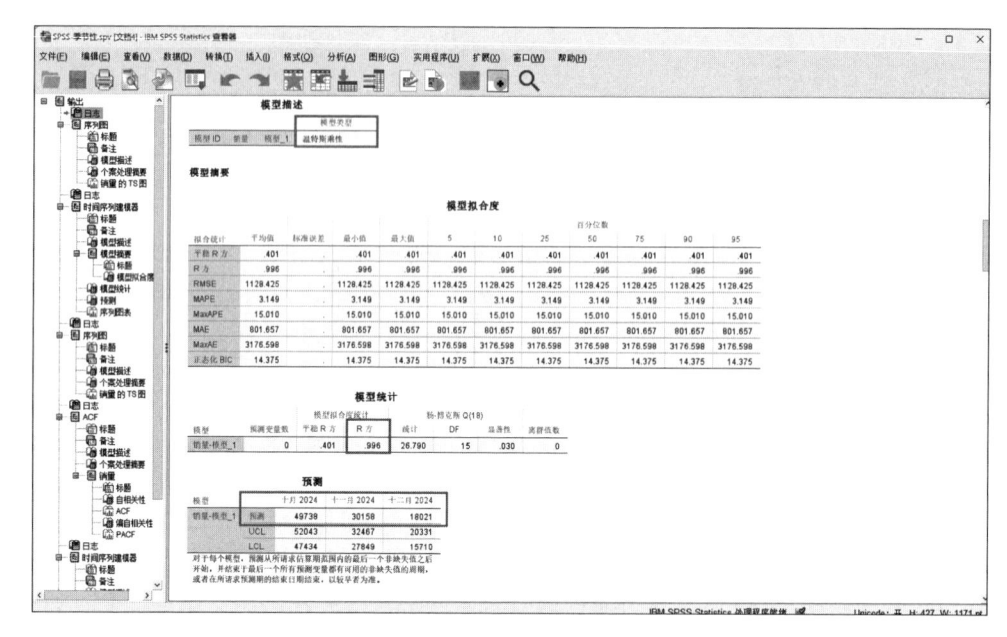

图 5.110 预测结果

预测结果的趋势和值如图 5.111、图 5.112 所示。

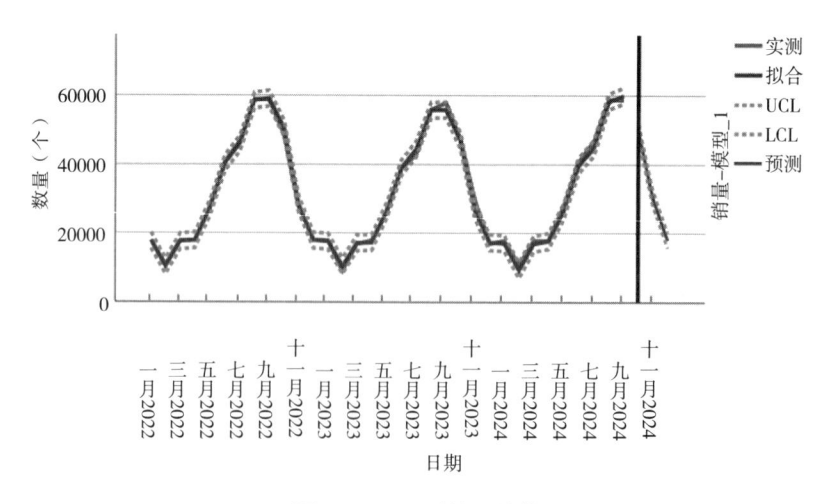

图 5.111 预测结果趋势

图 5.112 预测结果数据

（2）SARIMA。用上述的数据继续做 SARIMA 模型预测，导入数据、设置时间、画序列图的步骤不需要重复操作。

①降差分。这里有两个要降差分的地方，一个是做序列图，一个是自相关。两者都需要做差分和季节性差分，使得趋势平稳。

在菜单栏单击"分析"→"时间序列预测"→"序列图"选项，如图 5.113 所示。

图 5.113 选择序列图

在"序列图"对话框中,把原有的时间轴标签去掉,勾选"差异"和"季节性差异"选项,如图 5.114 所示,得出结果如图 5.115 所示。

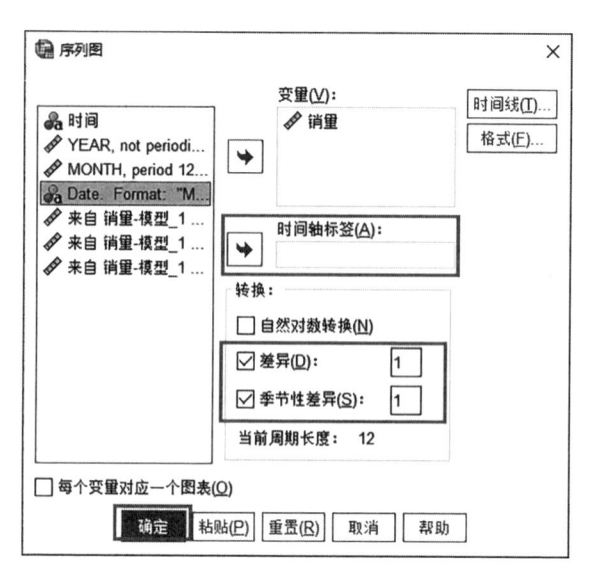

图 5.114 降差分

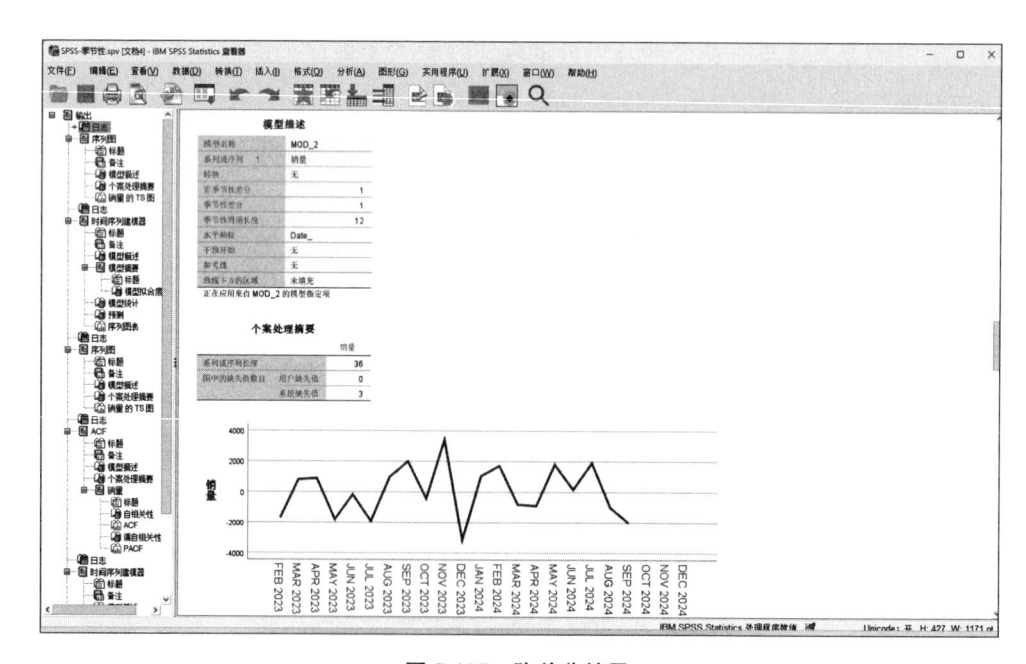

图 5.115 降差分结果

在菜单栏单击"分析"→"时间序列预测"→"自相关"选项,如图 5.116 所示。

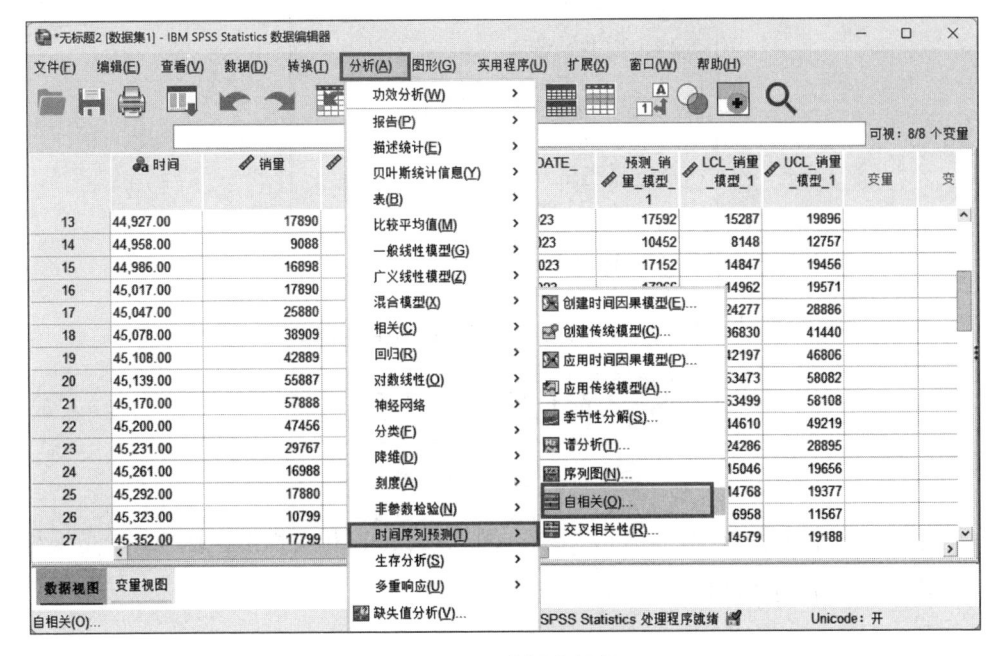

图 5.116 选择自相关

在"自相关性"对话框中,将销量放入"变量",勾选"差异"和"季节性差异"选项,单击"选项"按钮,如图 5.117 所示。

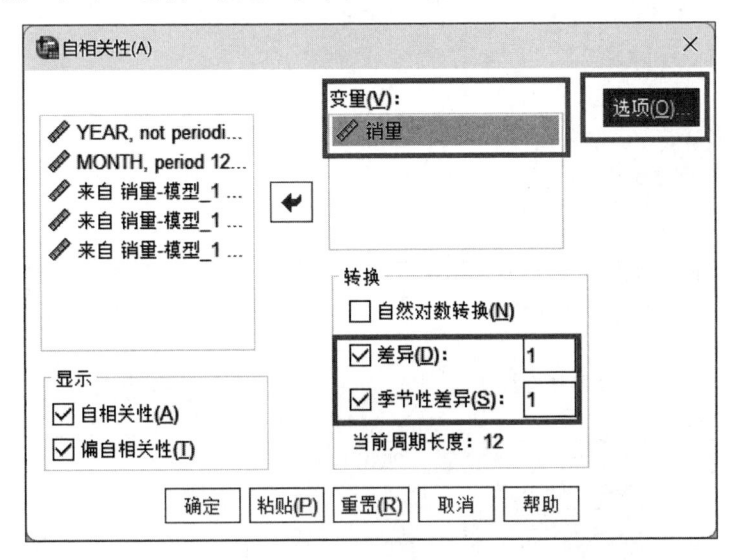

图 5.117 降差分

设置差分后要选择最大延迟数,最大延迟数表示数据要延后做预测,设置数据随机,但要少于已有的实际数据。在弹出对话框中,最大延迟数输入 13,单击"继续"按钮,如图 5.118 所示。

图 5.118　设置最大延迟数

差分后结果及指标如图 5.119 所示。图 5.120 是自相关性图，图 5.121 是偏相关性图，差分后趋势区域平稳。

图 5.119　差分的指标

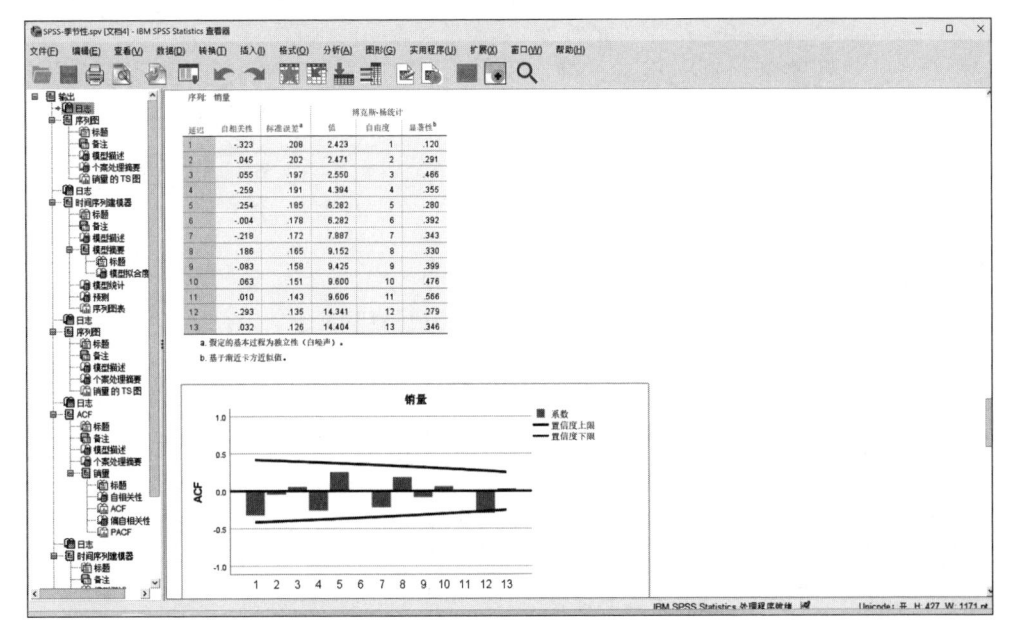

图 5.120　自相关性

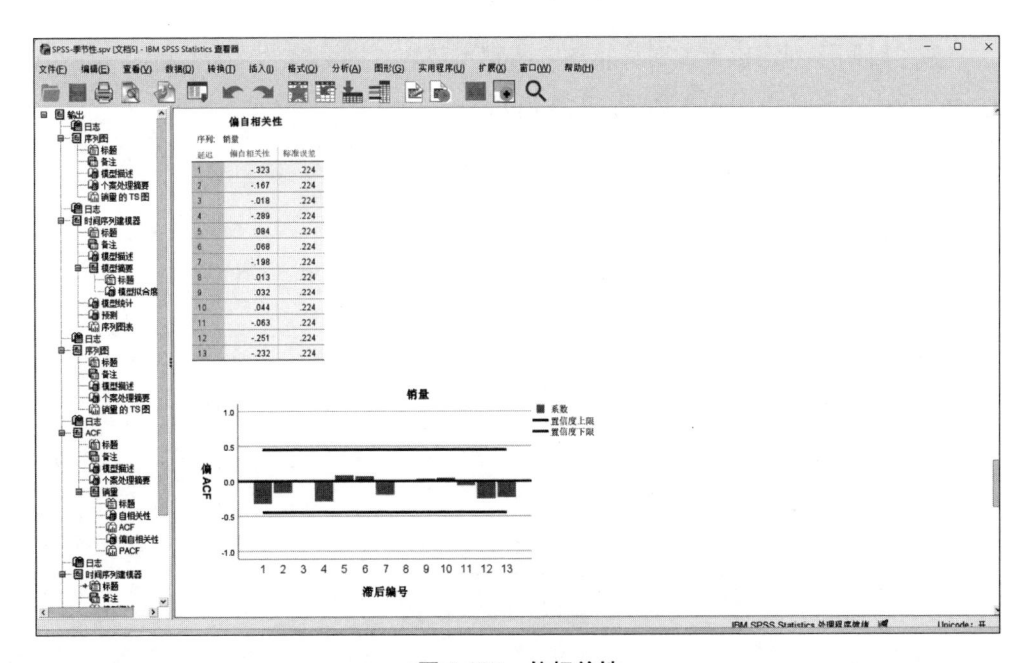

图 5.121　偏相关性

②建模预测。在菜单栏单击"分析"→"时间序列预测"→"创建传统模型"选项，如图 5.122 所示。

图 5.122 创建传统模型

在"时间序列建模器"对话框中，将销量放入"因变量"，方法选择 ARIMA 选项，单击"条件"按钮，如图 5.123 所示。

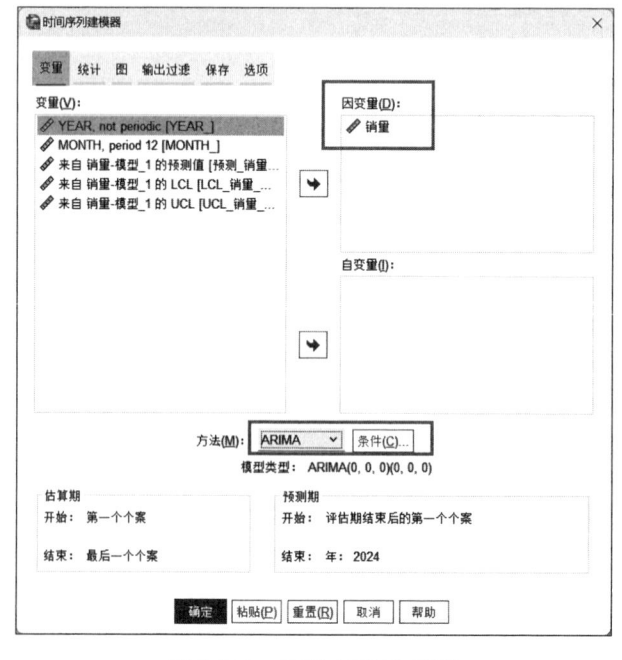

图 5.123 选择 ARIMA 模型

在弹出的对话框中设置参数。由于在做差分的时候选择了差分和季节性差分，所以这里差值都要填1，其余的参数可以随机填写，单击"继续"按钮，如图5.124所示。

图 5.124　填写参数

单击"图"按钮，在"单个模型的图"选项区域下面勾选所有选项，其余保留上一次预测的设置即可，单击"确定"按钮，如图5.125所示。

图 5.125　设置图

③结果分析。如图 5.126 所示，模型写的是 ARIMA（1,1,1）（0,1,1），其实带有季节性就用 SARIMA 模型。平稳 R 方为 0.362，R 方为 0.994，模型的拟合效果较好。

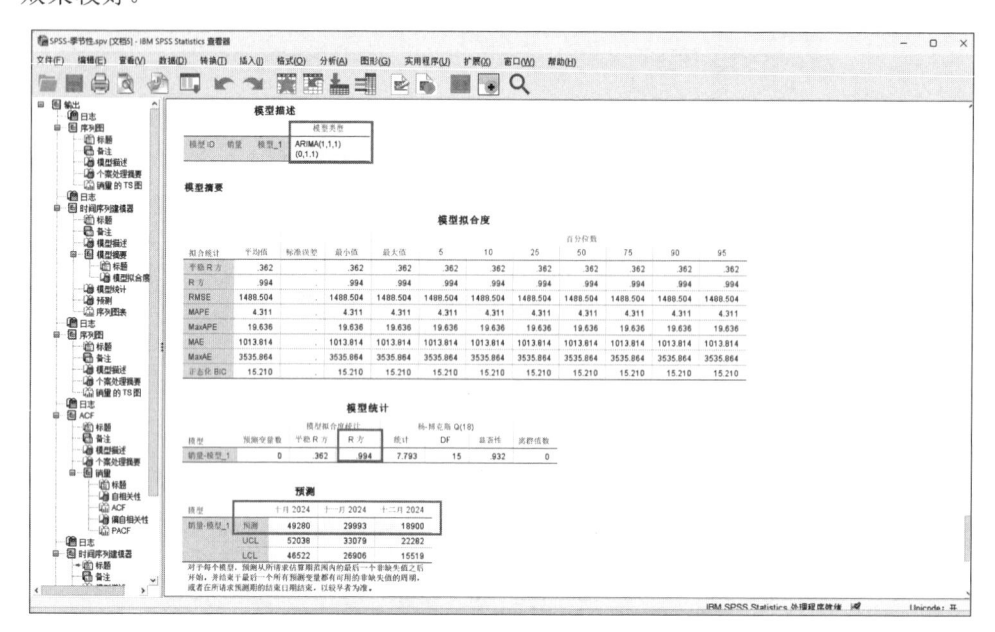

图 5.126　预测结果

残差图和预测趋势如图 5.127 所示，预测结果数据如图 5.128 所示。

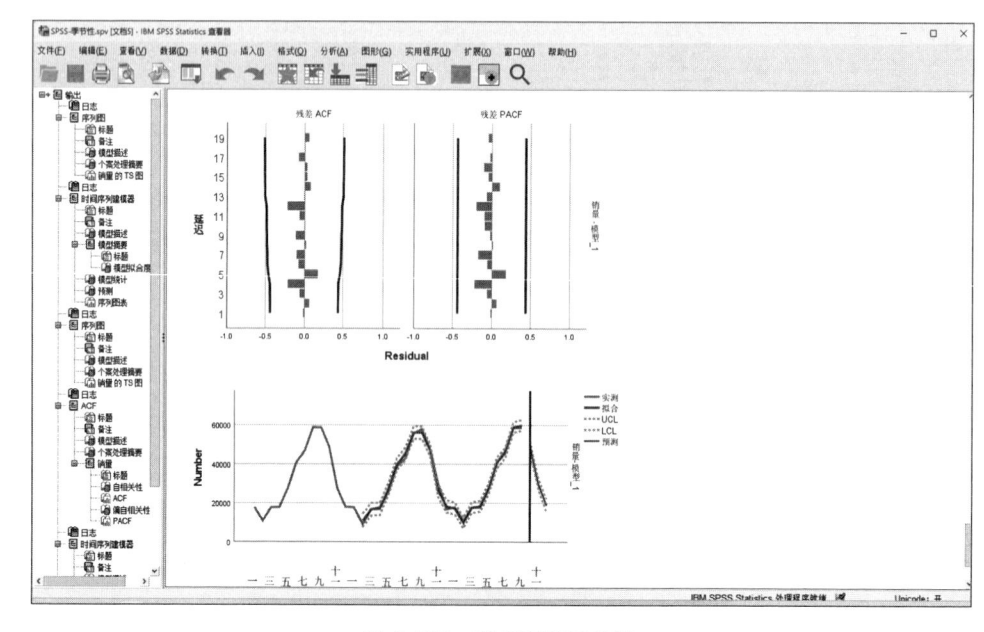

图 5.127　残差图预测趋势

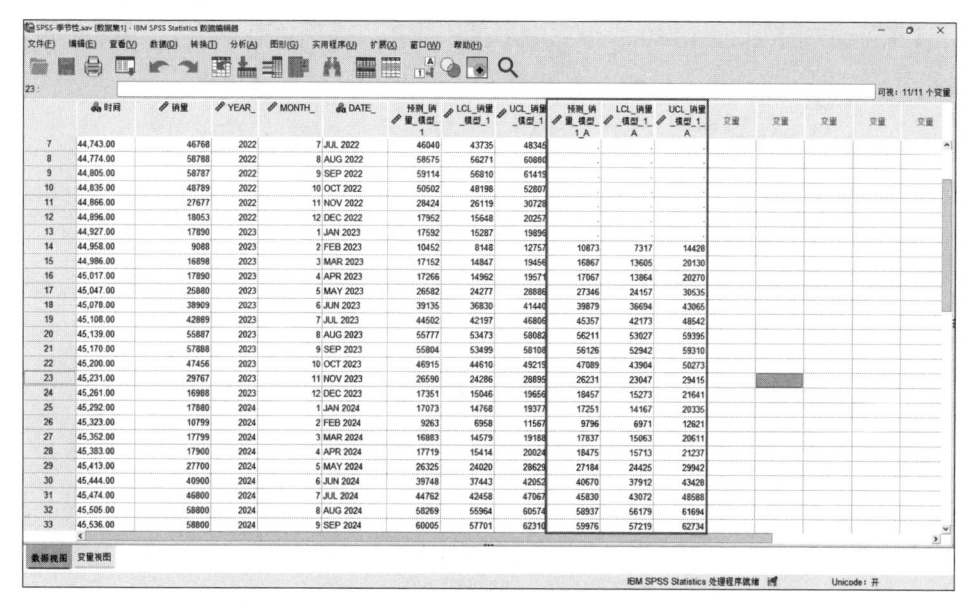

图 5.128　预测结果数据

5.2.3　案例：市场趋势预测

【案例背景】现有 2019～2024 年纸杯每月的需求量（图 5.129），图片中只显示部分数据。现需要预估 2025 年纸杯的市场趋势。

时间	纸杯需求量（百万）
2019年1月	1.41
2019年2月	1.85
2019年3月	3.01
2019年4月	4.2
2019年5月	4.33
2019年6月	4.5
2019年7月	5.1
2019年8月	5.3
2019年9月	4.52
2019年10月	3.54
2019年11月	2.84
2019年12月	1.76
2020年1月	1.5
2020年2月	2.13
2020年3月	2.81
2020年4月	4.52
2020年5月	4.2
2020年6月	4.66
2020年7月	5.36
2020年8月	5.7
2020年9月	4.76
2020年10月	3.8
2020年11月	3.4
2020年12月	2.49

图 5.129　纸杯历史需求量

【数据分析】从图 5.130 的历史需求量趋势可以看出纸杯从 3 ～ 10 月份是旺季，而且每年的需求量在递增，可以判断用 SARIMA 模型做预测。

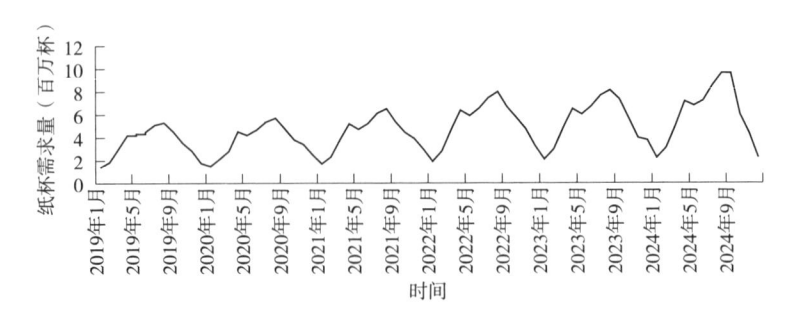

图 5.130　纸杯历史需求量趋势

【计算过程】①导入数据。在工具栏单击"文件夹"按钮，文件类型选择"所有文件"选项，选择预测的文件，单击"打开"按钮，如图 5.131 所示。

图 5.131　导入数据

②设置时间。在菜单栏单击"数据"→"定义日期和时间"选项。在打开的对话框中，选择"年、月"选项，输入"2019"，单击"确定"按钮，如图 5.132 所示。

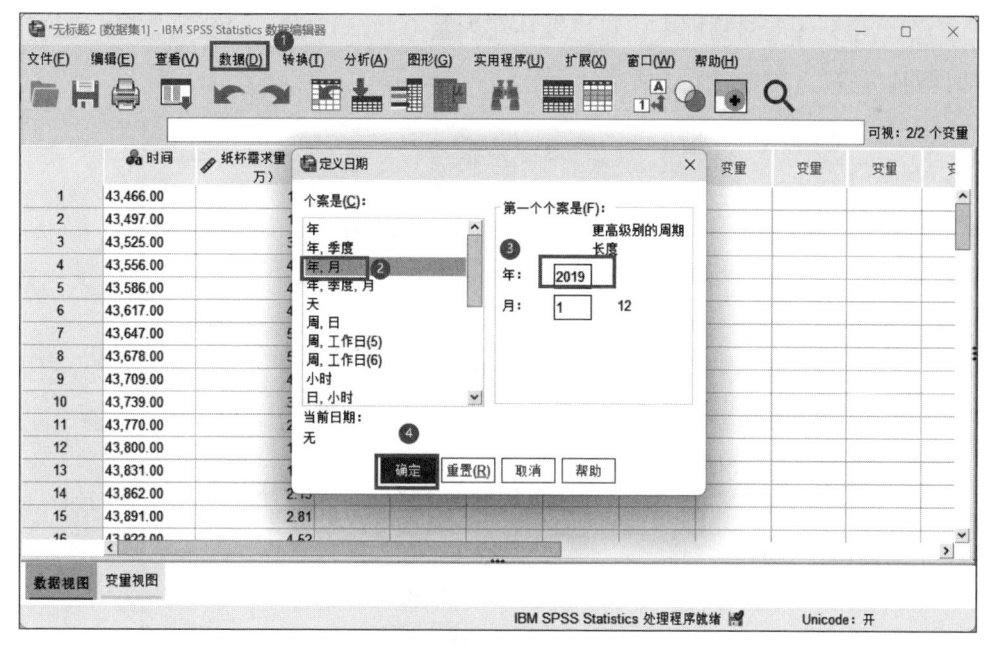

图 5.132 设置时间

③画序列图。在菜单栏单击"分析"→"时间序列预测"→"序列图"选项，如图 5.133 所示。

图 5.133 做序列图步骤 1

137

在"序列图"对话框中,将"纸杯需求量(百万)"放入"变量",时间放入"时间轴标签",如图 5.134 所示。

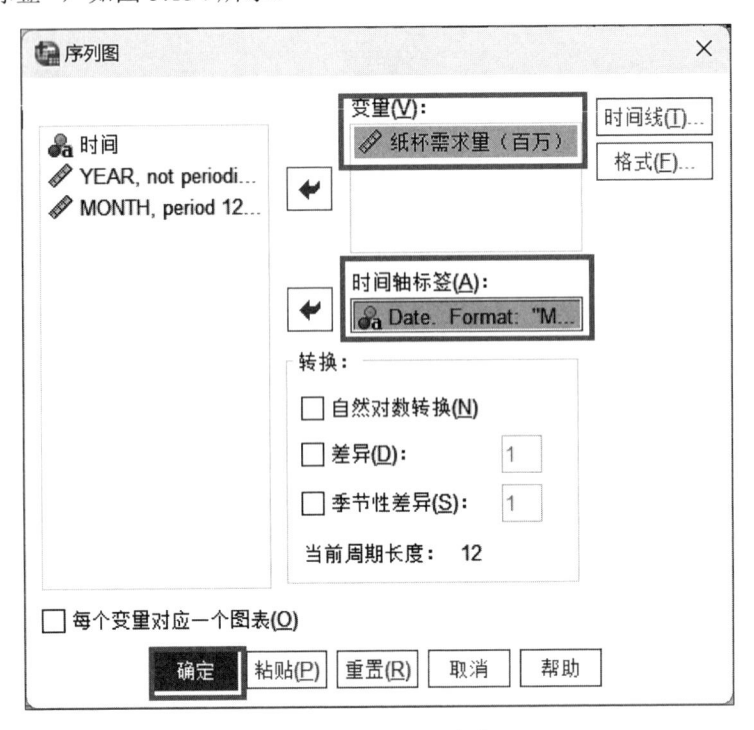

图 5.134 做序列图步骤 2

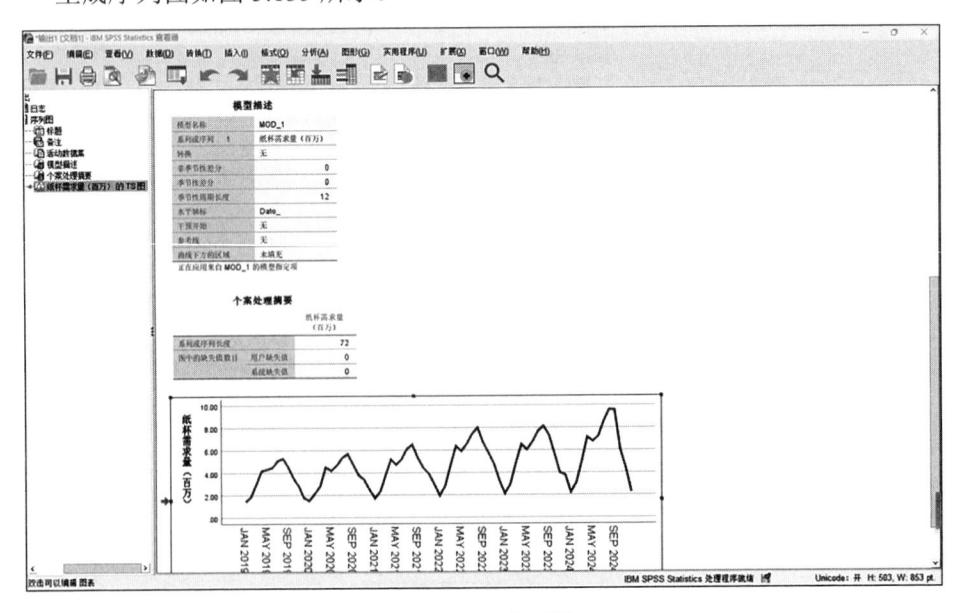

生成序列图如图 5.135 所示。

图 5.135 序列图

④降差分。因为趋势平稳，现在要降差分，再次打开"序列图"对话框，勾选"差异""季节性差异"选项，如图 5.136 所示。

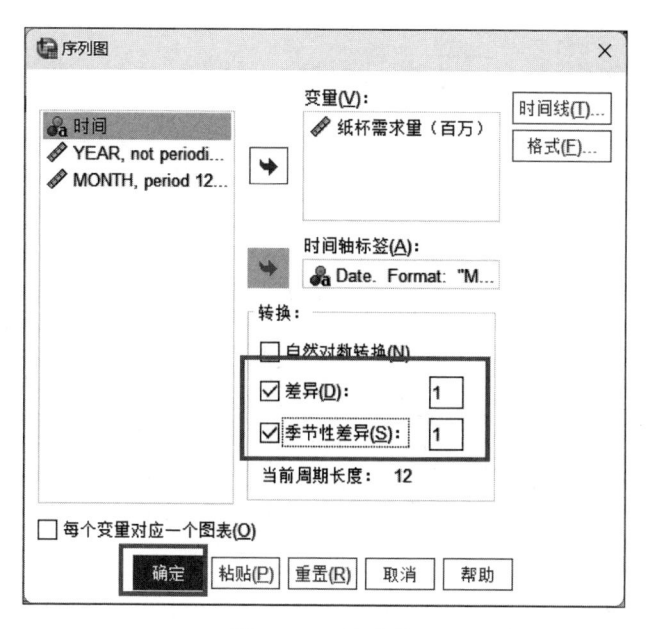

图 5.136 降差分

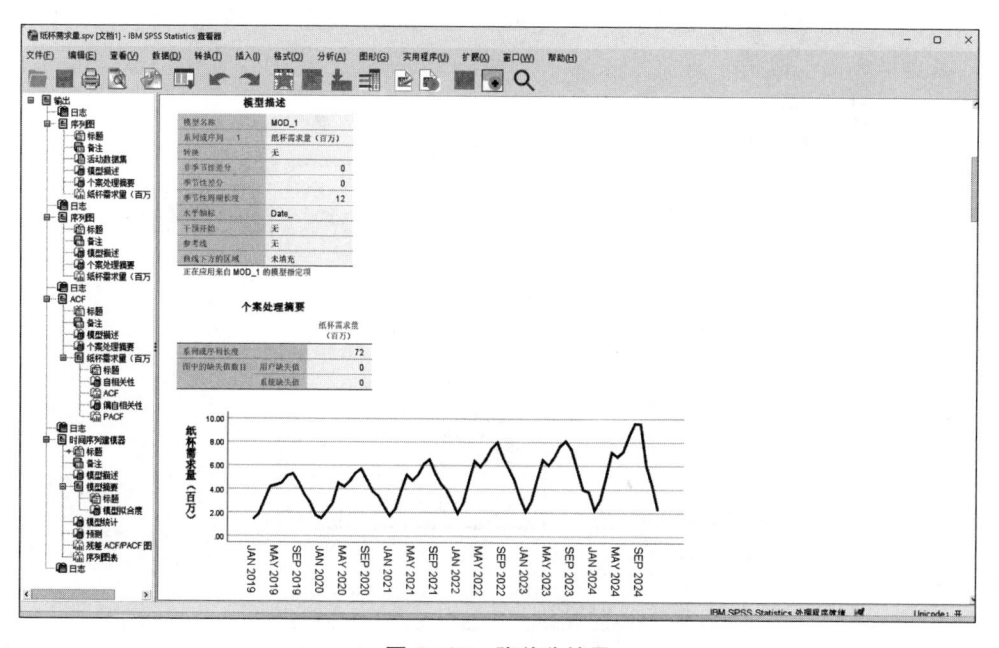

结果如图 5.137 所示。

图 5.137 降差分结果

自相关也要作差分，在菜单栏单击"分析"→"时间序列预测"→"自相关"选项，如图5.138所示。

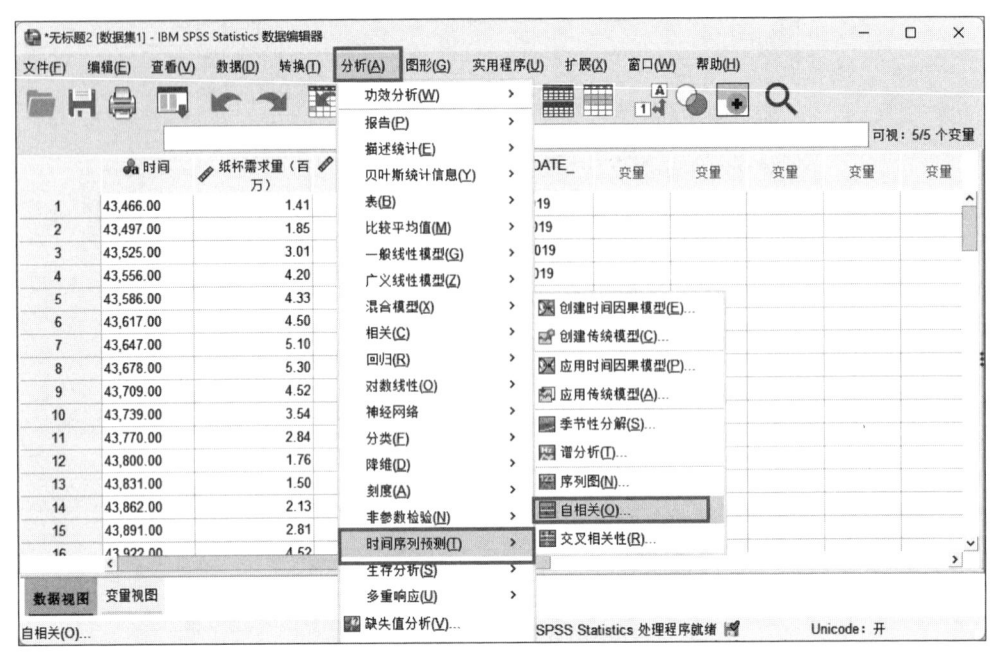

图 5.138 选择自相关

在"自相关性"对话框中，将纸杯需求量移入"变量"，勾选"差异""季节性差异"选项，单击"选项"按钮，如图5.139所示。

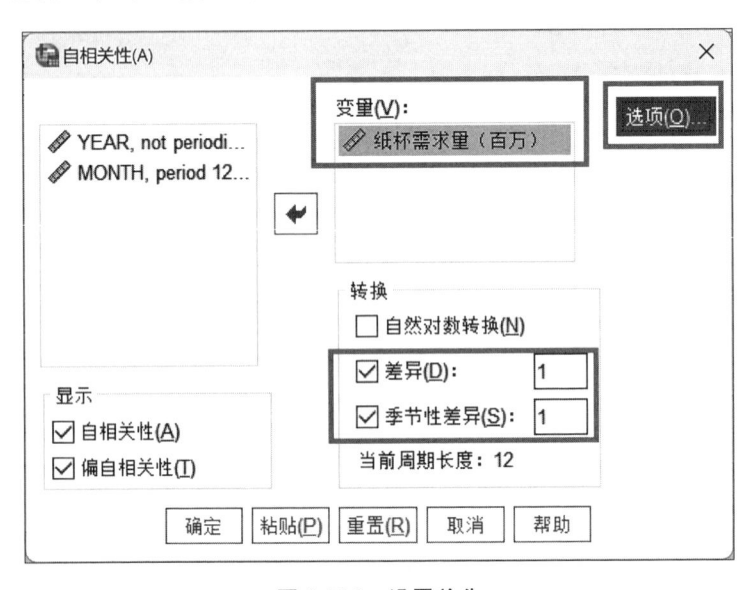

图 5.139 设置差分

在弹出的对话框中，设置最大延迟数为 13，单击"继续"按钮，如图 5.140 所示。

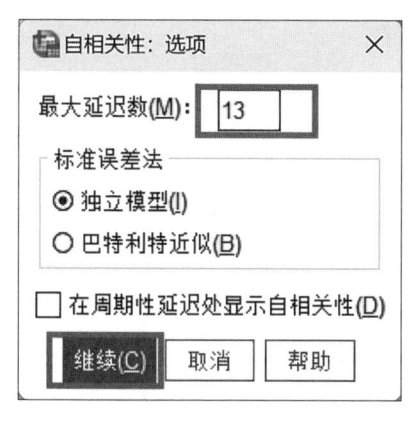

图 5.140　设置最大延迟数

结果如图 5.141、图 5.142、图 5.143 所示，降差分后趋势比较平稳。

模型描述

模型名称		MOD_3
序列名称	1	纸杯需求量（百万）
转换		无
非季节性差分		1
季节性差分		1
季节性周期长度		12
最大延迟数		13
为计算自相关性标准误差而假定的过程		独立性（白噪声）[a]
显示和绘制		所有延迟

正在应用来自 MOD_3 的模型指定项
a. 不适用于计算偏自相关性的标准误差。

个案处理摘要

		纸杯需求量（百万）
序列长度		72
缺失值的数目	用户缺失值	0
	系统缺失值	0
有效值的数目		72
因为差分而丢失的值的数目		13
差分后可计算的首次延迟数		58

图 5.141　模型描述

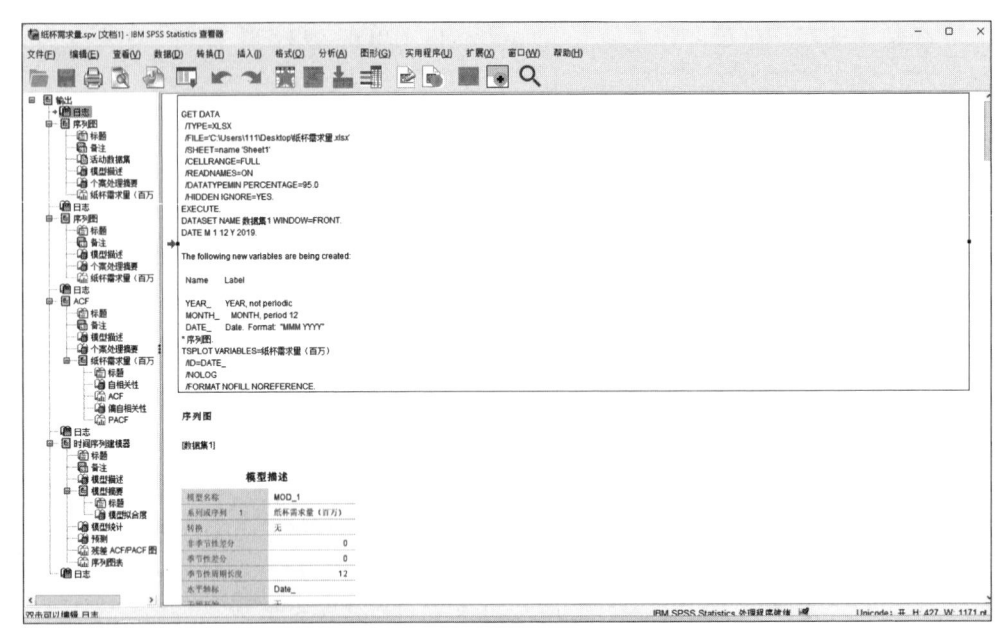

图 5.142　自相关

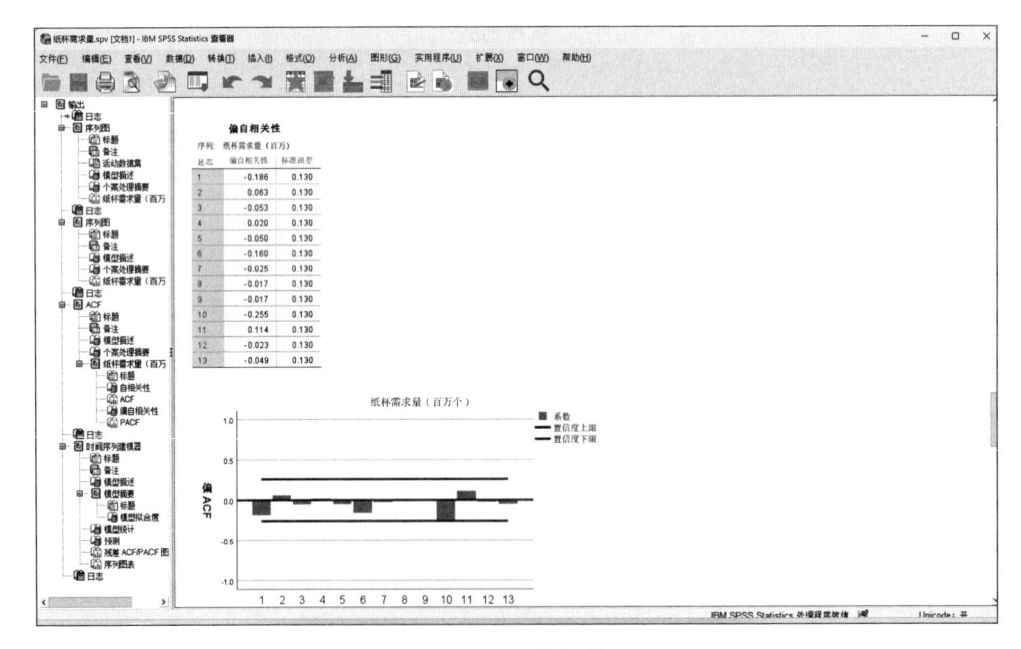

图 5.143　偏相关

⑤建模预测。在菜单栏单击"分析"→"时间序列预测"→"创建传统模型"选项，如图 5.144 所示。

图 5.144 创建传统模型

在"时间序列建模器"对话框中,将纸杯需求量放到"因变量",选择 ARIMA 选项,单击"条件"按钮,如图 5.145 所示。

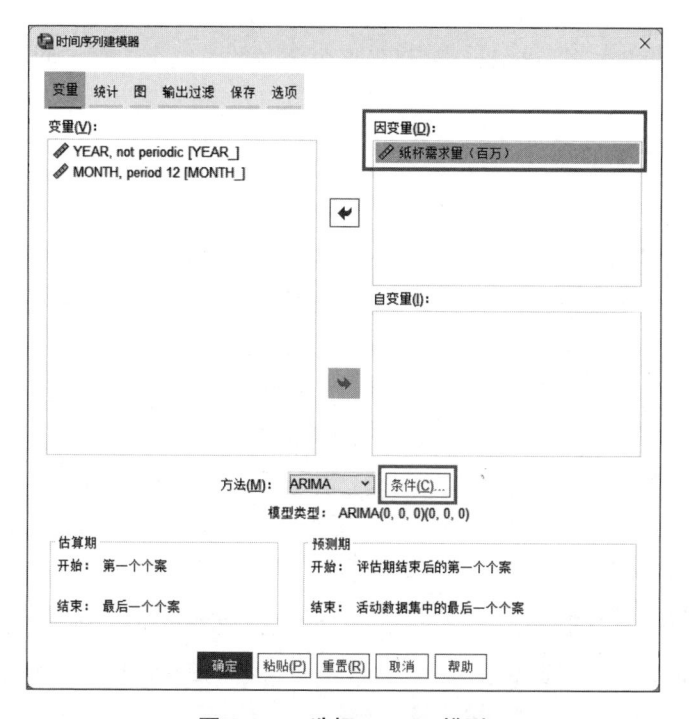

图 5.145 选择 ARIMA 模型

143

在弹出的对话框中,设置"非季节性"和"季节"参数为1,单击"继续"按钮,如图5.146所示。

单击"统计"按钮,勾选"R方"和"显示预测值"选项,如图5.147所示。

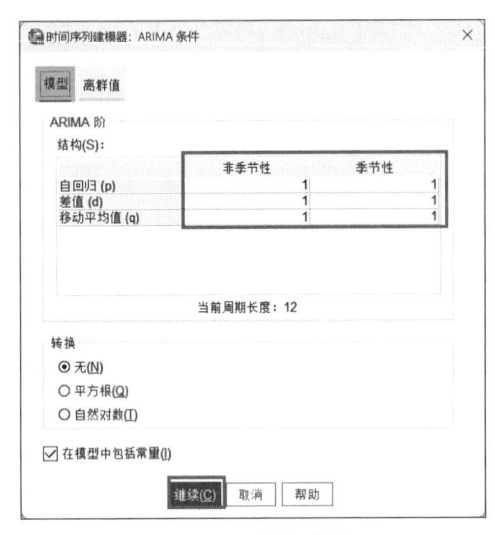

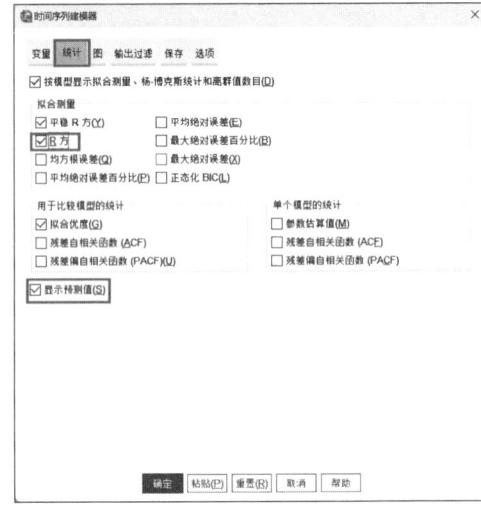

图 5.146　输入参数　　　　　　　　图 5.147　设置统计

单击"图"按钮,勾选"单个模型的图"选项区域的所有选项,如图5.148所示。

单击"保存"按钮,勾选"变量"选项区域的前三个选项,如图5.149所示。

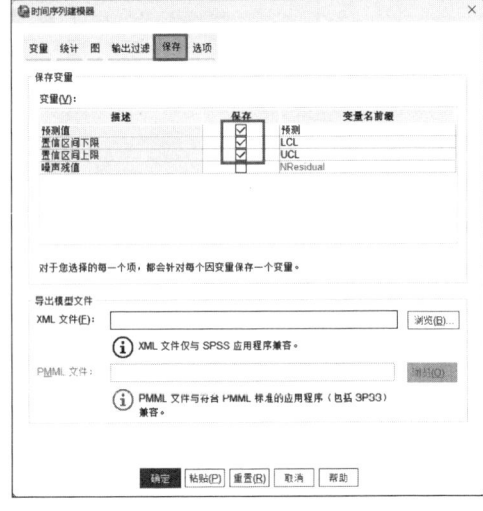

图 5.148　设置图　　　　　　　　图 5.149　设置保存

单击"选项"按钮,勾选"评估期结束后的第一个个案到指定日期之间的个案"选项,输入截止日期为 2025 年 12 月,如图 5.150 所示。

图 5.150　设置选项

【得出结果】预测结果如图 5.151 所示,模型是 SARIMA(1,1,1)(1,1,1),平稳 R 方是 0.071, R 方是 0.939。预测 2025 年 1～12 月需求量分别为 1.20、1.63、3.85、5.65、5.43、5.72、7.10、7.99、7.98、4.47、2.81、0.85。

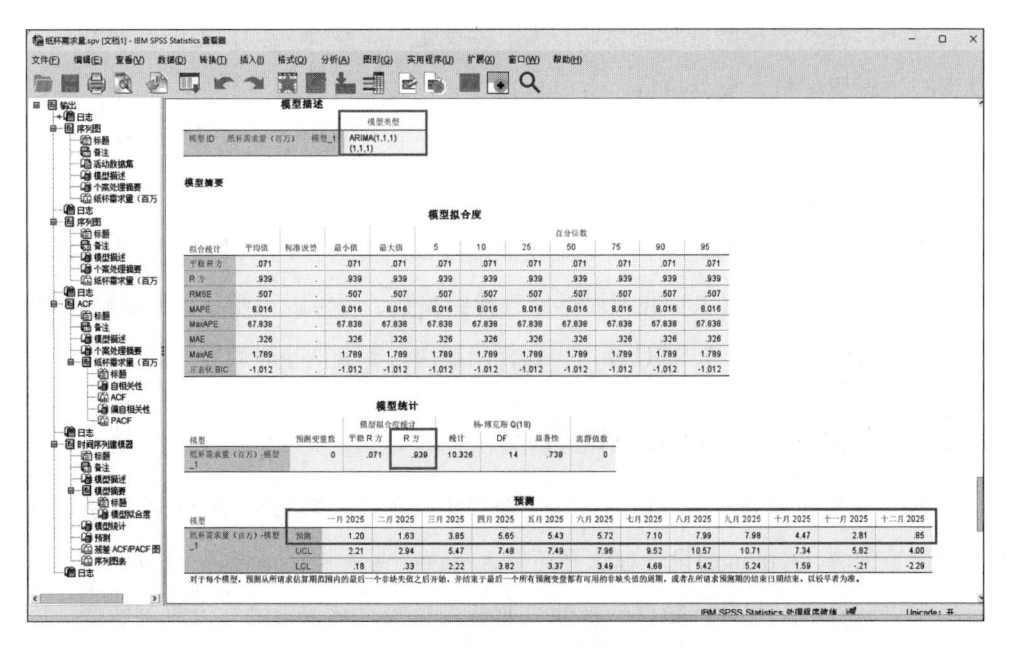

图 5.151　预测结果

残差图和预测趋势如图 5.152 所示,预测数据结果如图 5.153 所示。

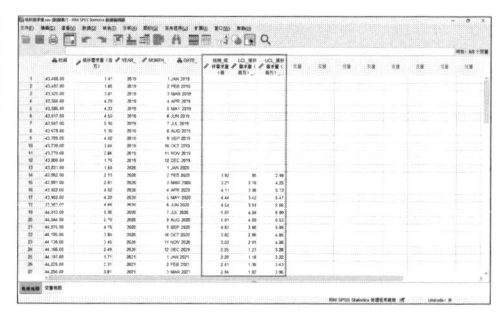

图 5.152　残差图和预测趋势　　　　　　　图 5.153　预测数据结果

5.3　大数据，需要灵活度高的预测工具

由于科技发展，我们现在可以收集和存储比以前更多的数据，这些数据量非常大，难以用传统的方法处理和分析。这些数据来自不同的地方，比如社交媒体、传感器、交易记录等。通过分析这些数据，可以发现隐藏在其中的规律和趋势，从而做出正确的决策和预测。

Excel 一张工作簿的数据存量是 100 多万条，遇到几十万条的数据处理就会卡顿，SPSS 虽然可以处理大量数据，但是运行速度会跟电脑内存有关，如果电脑内存小，处理大量数据时也会比较慢。除此之外，关于预测模型的参数都是手动调节，设置随机，灵活度低。有时候需要多次调整才能找到较好的模型，耗时较长。基于以上这些问题，我们需要用一个能处理大数据且灵活度高，能够自动调参的预测工具，这就是 Python。

Python 能用代码构建模型，好处是灵活度高，能自动调参并且能调出最优参数，模型与模型之间可以合并使用，修改其中参数，还可以写循环语句批量预测。比如说电商行业，上千个 SKU 能用一行代码解决，不到两小时就能完成预测。

5.3.1　Python 预测工具的介绍

Python 是一种高级编程语言，它主要用于快速开发应用程序、数据分析、人工智能等领域。Python 的设计理念是简单、易读、易维护，适合各个领域的人群，包括学生、算法工程师、数据分析师、业务人员等。该语言的学习难度较低，因此对于初学者来说相对容易上手。

学习 Python 的过程并不难，但需要对编程有一定的兴趣和耐心，掌握一些基本的编程概念和语法规则。大家可以通过在线教程、视频教程、书籍等多种途径来学习Python。

Python可以用于时间序列模型的预测，时间序列模型是一种用来分析和预测时间序列数据的方法。Python中有很多用于时间序列模型的包，例如pandas、numpy、statsmodels等。其中，statsmodels库提供了多种时间序列分析和预测方法，包括ARIMA模型、VAR模型、卡尔曼滤波等。通过使用这些包，可以对时间序列数据进行分析和预测，从而为决策提供有力支持。

本书使用的是Anaconda软件，Anaconda是一个安装、管理Python相关包的软件，对于初学者来说极其友好，相比单独安装Python主程序，Anaconda可以省去很多麻烦，它的安装比较简单，进入Anaconda官网单击"立即下载"按钮即可，如图5.154所示。

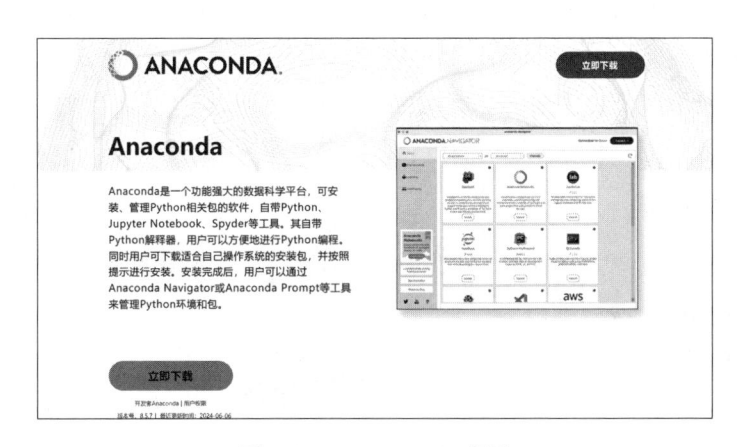

图 5.154　Anaconda 官网

下载后打开jupyter界面即可编写代码，如图5.155所示。

①是文件名，可以单击修改名称。

②是模式，分为编辑模式和命令模式，在写代码时会显示一支笔的图案，右边会显示空心的圆圈，表示正在编辑；如果代码在运行，笔的图案会消失，同时圆圈会变成实心黑色，表示正在繁忙。

③是菜单栏，每个菜单包含许多选项，例如编辑、查看、插入、单元格等。

④是工具栏，可帮助用户执行经常需要的操作。

⑤是输入代码的位置。

⑥是运行代码后输出结果的位置。

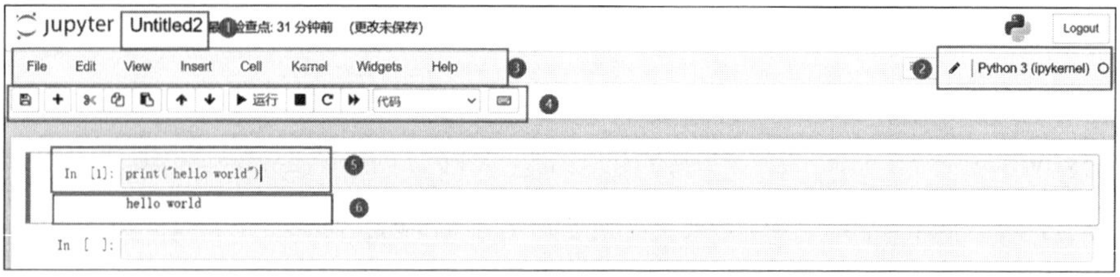

图 5.155　jupyter 界面

5.3.2　Python 预测的操作步骤

Python 能用的预测模型有很多，基于第 4 章已讲解的预测模型，下面分别讲解简单指数平滑、二次指数平滑、三次指数平滑、SARIMA 的代码操作和案例。 同时教大家如何进行批量预测，特别是电商行业，可轻轻松松搞定上千个 SKU 预测。

注意：

（1）本章节主要讲预测方法的使用，用的都是少量数据，方便大家学习与理解，数据量的多少不影响代码的编写。

（2）下面所涉及的模型都是自动调参，Python 能找到最优参数，而且模型代码都是非常简洁的，不需要复杂的逻辑，对新手非常友好。

1. 平稳性模型

以下是某产品 2024 年 1 ～ 4 月每天的销量数据，需要预测未来一周的销量，如图 5.156、图 5.157 所示。

	A	B
1	时间	销量（万件）
2	2024年1月1日	0.29
3	2024年1月2日	0.71
4	2024年1月3日	0.03
5	2024年1月4日	1.36
6	2024年1月5日	0.86
7	2024年1月6日	0.14
8	2024年1月7日	0.11
9	2024年1月8日	0.64
10	2024年1月9日	1.32
11	2024年1月10日	0.14
12	2024年1月11日	0.76
13	2024年1月12日	1.06
14	2024年1月13日	1.22
15	2024年1月14日	0.54
16	2024年1月15日	0.96
17	2024年1月16日	0.56
18	2024年1月17日	0.2
19	2024年1月18日	0.48
20	2024年1月19日	0.58
21	2024年1月20日	0.04
22	2024年1月21日	1.16
23	2024年1月22日	0.86
24	2024年1月23日	0.46
25	2024年1月24日	0.75
26	2024年1月25日	1.38
27	2024年1月26日	0.65

图 5.156　2024 年 1 ～ 4 月销量（部分截图）

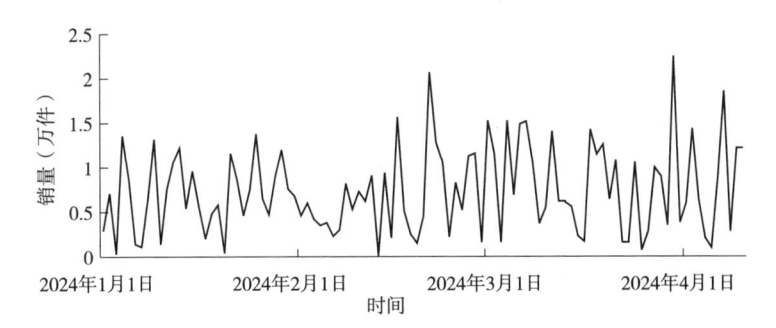

图 5.157　2024 年 1～4 月销量趋势

（1）简单指数平滑。

①调用包。Python 里面有很多包，这些包可以用于画图、数据清洗、建模等。

本次用了三个包，第一个是画图的包 matplotlib.pyplot，第二个是数据清洗的包 pandas，第三个是指数平滑的包 statsmodels.tsa.holtwinters，如图 5.158 所示。

```
import matplotlib.pyplot as plt
import pandas as pd
from statsmodels.tsa.holtwinters import ExponentialSmoothing,SimpleExpSmoothing,Holt
```

图 5.158　调用包

②导入数据。导入我们需要预测的数据，总共有 100 条数据，如图 5.159 所示。

```
data = pd.read_excel('simple.xlsx')
data
```

	时间	销量（万件）
0	45292	0.29
1	45293	0.71
2	45294	0.03
3	45295	1.36
4	45296	0.86
...	...	...
96	45388	0.88
97	45389	1.86
98	45390	0.28
99	45391	1.22
100	45392	1.24

101 rows × 2 columns

图 5.159　导入数据

③做趋势图。代码如图 5.160 所示，趋势较为平稳，如果我们对产品的趋势已熟悉，可以省略这一步。

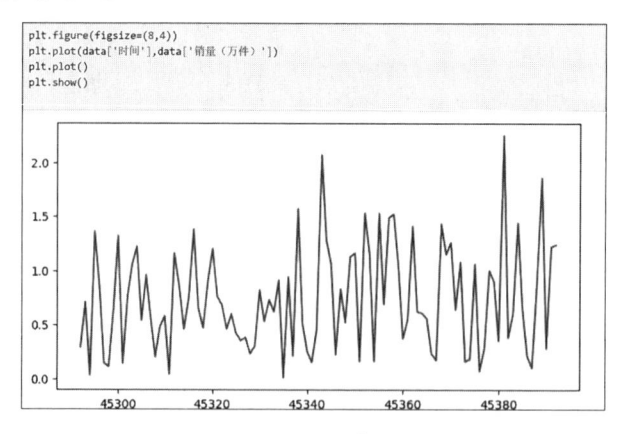

```
plt.figure(figsize=(8,4))
plt.plot(data['时间'],data['销量（万件）'])
plt.plot()
plt.show()
```

图 5.160　趋势图

④建模预测。代码如图 5.161 所示，此模型能自动调参的，不需要手动设置参数，我们直接输入要预测的数据周期就行，方便简洁。

```
fit = SimpleExpSmoothing(data['销量（万件）']).fit()
pre = fit.forecast(7)
```

图 5.161　建模预测

⑤结果分析。预测后做趋势图看预测结果，如图 5.162 所示，预测的结果是一条直线，最后导出 Excel 文件，如图 5.163 所示。

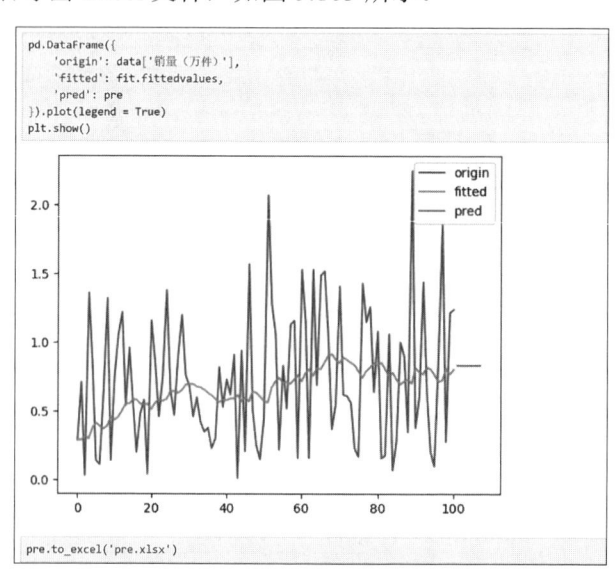

```
pd.DataFrame({
    'origin': data['销量（万件）'],
    'fitted': fit.fittedvalues,
    'pred': pre
}).plot(legend = True)
plt.show()


pre.to_excel('pre.xlsx')
```

图 5.162　预测结果趋势

	A	B
1		0
2	101	0.83 504
3	102	0.83 504
4	103	0.83 504
5	104	0.83 504
6	105	0.83 504
7	106	0.83 504
8	107	0.83 504
9		

图 5.163　预测结果

2. 趋势性模型

以下是某商品 2024 年 1 月 1 日～2024 年 4 月 10 日的数据，现需要预测 2024 年 5 月的数据，如图 5.164、图 5.165 所示。

	A	B
1	时间	销量（万件）
2	2024年1月1日	0.46
3	2024年1月2日	0.32
4	2024年1月3日	0.46
5	2024年1月4日	1.75
6	2024年1月5日	2.14
7	2024年1月6日	2.43
8	2024年1月7日	2.59
9	2024年1月8日	2.52
10	2024年1月9日	4.63
11	2024年1月10日	0.93
12	2024年1月11日	1.93
13	2024年1月12日	0.66
14	2024年1月13日	2.21
15	2024年1月14日	2.48
16	2024年1月15日	1.09
17	2024年1月16日	1.54
18	2024年1月17日	0.21
19	2024年1月18日	0.4
20	2024年1月19日	2.45
21	2024年1月20日	2.11
22	2024年1月21日	1.93
23	2024年1月22日	0.5
24	2024年1月23日	4.24
25	2024年1月24日	4.13
26	2024年1月25日	0.13
27	2024年1月26日	6.83

图 5.164　2024 年 1 月 1 日～2024 年 4 月 10 日销量（部分截图）

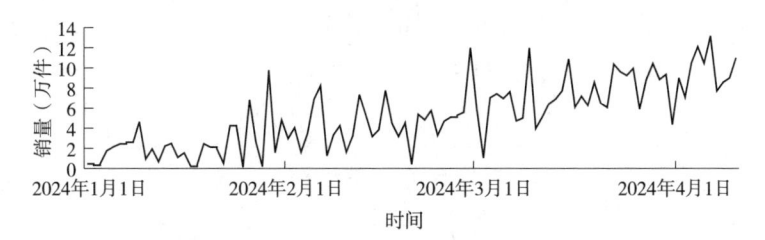

图 5.165　2024 年 1 月 1 日～2024 年 4 月 10 日销量趋势

（1）二次指数平滑。

①调用工作包。指数平滑的包是一样的，如果之前导入了一次后面不需要重复导入，如图 5.166 所示。

```
import matplotlib.pyplot as plt
import pandas as pd
from statsmodels.tsa.holtwinters import ExponentialSmoothing,SimpleExpSmoothing,Holt
```

图 5.166 调用包

②导入数据。如图 5.167 所示，总共 100 条数据。

```
data = pd.read_excel('holt.xlsx')
data
```

	时间	销量（万件）
0	45292	0.46
1	45293	0.32
2	45294	0.46
3	45295	1.75
4	45296	2.14
...	...	...
96	45388	13.17
97	45389	7.71
98	45390	8.58
99	45391	9.00
100	45392	11.00

101 rows × 2 columns

图 5.167 导入数据

③做趋势图。如图 5.168 所示，可以看到数据呈上涨趋势。

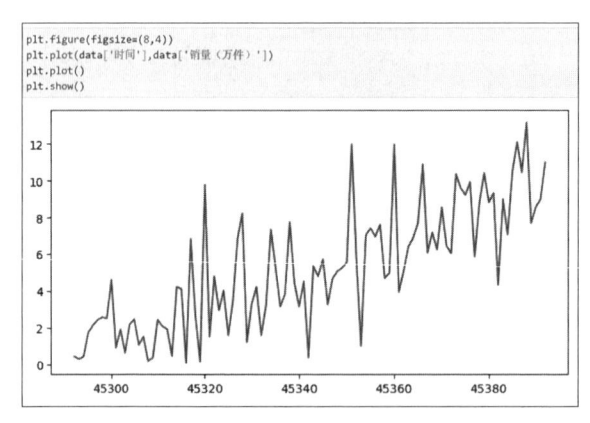

```
plt.figure(figsize=(8,4))
plt.plot(data['时间'],data['销量（万件）'])
plt.plot()
plt.show()
```

图 5.168 趋势图

④建模预测。代码如图 5.169 所示。

```
fit1 = Holt(data['销量（万件）'],damped=True).fit()
prel = fit1.forecast(30)
```

图 5.169 建模预测

⑤结果分析。预测的趋势如图 5.170 所示，呈直线上涨趋势，预测的数据结果如图 5.171 所示。

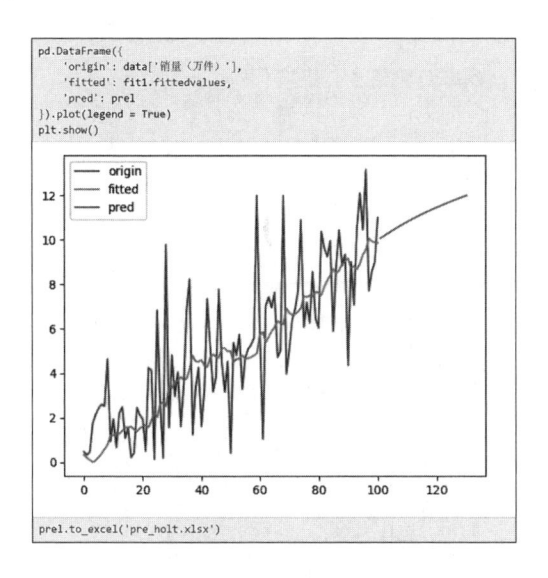

```
pd.DataFrame({
    'origin': data['销量（万件）'],
    'fitted': fit1.fittedvalues,
    'pred': pre1
}).plot(legend = True)
plt.show()
```

```
pre1.to_excel('pre_holt.xlsx')
```

图 5.170　预测趋势

	A	B
1		0
2	101	10.077 48
3	102	10.165 74
4	103	10.252 08
5	104	10.336 55
6	105	10.419 2
7	106	10.500 06
8	107	10.579 17
9	108	10.656 57
10	109	10.732 29
11	110	10.806 37
12	111	10.878 86
13	112	10.949 77
14	113	11.019 15
15	114	11.087 03
16	115	11.153 44
17	116	11.218 41
18	117	11.281 98
19	118	11.344 17
20	119	11.405 02
21	120	11.464 55
22	121	11.522 79
23	122	11.579 77
24	123	11.635 52
25	124	11.690 07
26	125	11.743 43
27	126	11.795 64
28	127	11.846 72
29	128	11.896 69
30	129	11.945 58
31	130	11.993 42

图 5.171　预测结果

3. 季节性模型

某产品 2016 年 1 月～2024 年 3 月的销量数据如图 5.172 所示，现需要预测未来 9 个月的销量，该产品是季节性产品，趋势如图 5.173 所示。

时间	销量（万件）	时间	销量（万件）
2016年1月1日	27.62	2020年2月1日	20.82
2016年2月1日	31.22	2020年3月1日	28.48
2016年3月1日	30.8	2020年4月1日	28.26
2016年4月1日	27.03	2020年5月1日	20
2016年5月1日	26.68	2020年6月1日	20.71
2016年6月1日	20.0	2020年7月1日	28.76
2016年7月1日	21.12	2020年8月1日	27.76
2016年8月1日	17.22	2020年9月1日	23.13
2016年9月1日	16.63	2020年10月1日	20.63
2016年10月1日	11.14	2020年11月1日	20.61
2016年11月1日	12.06	2020年12月1日	18.6
2016年12月1日	11.42	2021年1月1日	21.04
2017年1月1日	9.43	2021年2月1日	20.66
2017年2月1日	13.26	2021年3月1日	18.7
2017年3月1日	11.76	2021年4月1日	20.1
2017年4月1日	12.61	2021年5月1日	16.66
2017年5月1日	10.08	2021年6月1日	24.77
2017年6月1日	17.7	2021年7月1日	24.28
2017年6月1日	18.47	2021年8月1日	27.76
2017年7月1日	16.7	2021年9月1日	27.62
2017年8月1日	18.74	2021年10月1日	20.03
2017年9月1日	20.48	2021年11月1日	33.73
2017年10月1日	24.26	2021年12月1日	36.21
2017年11月1日	30.70	2022年1月1日	30.46
2017年12月1日	28.68	2022年2月1日	36.76
2018年1月1日	27.08	2022年3月1日	30.41
2018年2月1日	27.84	2022年4月1日	34.66
2018年3月1日	30.36	2022年5月1日	33.41
2018年4月1日	23.76	2022年6月1日	32.68
2018年5月1日	26.82	2022年7月1日	33.66
2018年6月1日	24.76	2022年8月1日	36.44
2018年7月1日	23.82	2022年9月1日	28.06
2018年8月1日	18.64	2022年10月1日	24.61
2018年9月1日	20.63	2022年11月1日	32.14
2018年10月1日	16.83	2022年12月1日	26.26
2018年11月1日	16.07	2023年1月1日	24.30
2018年12月1日	16.66	2023年2月1日	21.86
2019年1月1日	17.07	2023年3月1日	20.86
2019年2月1日	16.27	2023年4月1日	26.47
2019年3月1日	20.87	2023年5月1日	22.03
2019年4月1日	16.26	2023年6月1日	24.46
2019年5月1日	17.6	2023年7月1日	27.86
2019年6月1日	16.63	2023年8月1日	20.64
2019年7月1日	20.64	2023年9月1日	30.08
2019年8月1日	22.28	2023年10月1日	34.06
2019年9月1日	27.64	2023年11月1日	26.32
2019年10月1日	26.36	2023年12月1日	36.00
2019年11月1日	26.06	2024年1月1日	41.64
2019年12月1日	31.17	2024年2月1日	44.12
2020年1月1日	30.70	2024年3月1日	38.67

（a） （b）

图 5.172 2016 年 1 月～2024 年 3 月销量

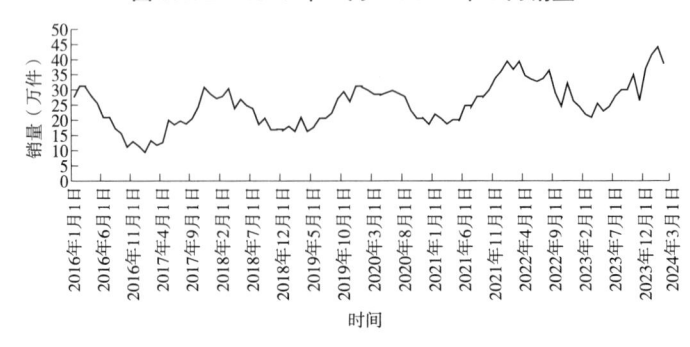

图 5.173 2016 年 1 月～2024 年 3 月销量趋势

（1）三次指数平滑。

①调用包。代码如图 5.174 所示。同样的，若之前进行过导入操作，则不需要重复导入。

```
import matplotlib.pyplot as plt
import pandas as pd
from statsmodels.tsa.holtwinters import ExponentialSmoothing,SimpleExpSmoothing,Holt
```

图 5.174　调用包

②导入数据。代码如图 5.175 所示，总共 99 条数据。

```
data = pd.read_excel('winter.xlsx')
data
```

	时间	销量（万件）
0	42370	27.52
1	42401	31.22
2	42430	30.80
3	42461	27.93
4	42491	25.58
...	...	...
94	45231	26.32
95	45261	36.99
96	45292	41.54
97	45323	44.12
98	45352	38.57

99 rows × 2 columns

图 5.175　导入数据

③做趋势图。代码如图 5.176 所示。

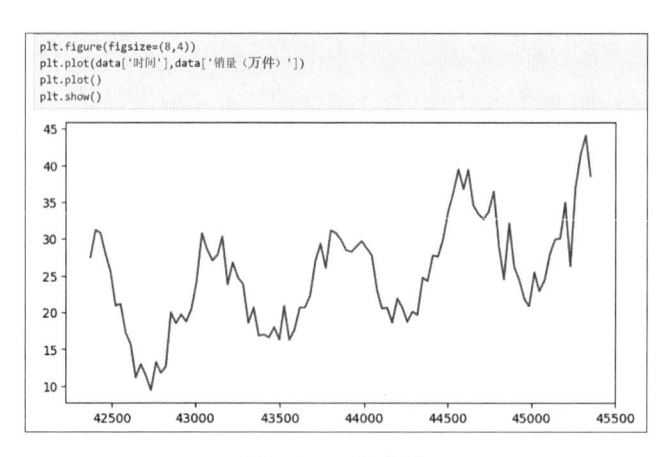

```
plt.figure(figsize=(8,4))
plt.plot(data['时间'],data['销量（万件）'])
plt.plot()
plt.show()
```

图 5.176　趋势图

④建模预测。代码如图 5.177 所示，trend='add' 表示添加趋势，seasonal='add' 表示添加季节性，seasonal_periods=25 表示季节周期为 25。

```
fit2 = ExponentialSmoothing(data['销量（万件）'],trend = 'add',seasonal = 'add',seasonal_periods= 25).fit()
pre2 = fit2.predict(99,110)
```

图 5.177　建模预测

⑤结果分析。代码如图 5.178 所示，预测结果跟历史季节性的趋势相符，预测数据结果如图 5.179 所示。

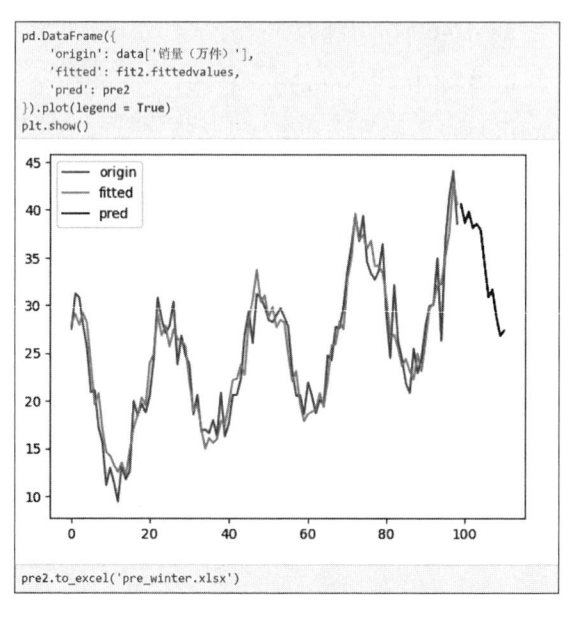

```
pd.DataFrame({
    'origin': data['销量（万件）'],
    'fitted': fit2.fittedvalues,
    'pred': pre2
}).plot(legend = True)
plt.show()
```

```
pre2.to_excel('pre_winter.xlsx')
```

图 5.178　预测趋势

	A	B
1		0
2	99	40.631 08
3	100	38.647 14
4	101	39.857 03
5	102	38.114 55
6	103	38.574 55
7	104	37.929 57
8	105	34.404 57
9	106	30.872 09
10	107	31.677 01
11	108	28.879 49
12	109	26.821 92
13	110	27.382 05

图 5.179　预测结果

（2）SARIMA。auto-arima 这个模型非常好用，是自动调参的 ARIMA 模型，但为什么标题是 SARIMA 呢？因为它能增加季节性，可以实现季节性差分。ARIMA+季节性就成了 SARIMA 模型，所以严格来说，它就是 SARIMA 模型。它的代码非常简单，不用分步骤，全部代码写在一起运行即可。我在实战过程中，预测 1 千多个 SKU 只需要两个小时就能完成，效率非常高。

这个模型需要先在 cmd[①] 安装，安装码如下：

pip install pmdarima

from pmdarima.arima import auto_arima

①调用工作包。代码如图 5.180 所示。

```
import pandas as pd
import numpy as np
import matplotlib.pyplot as plt
import statsmodels. api as sm
from statsmodels.graphics.tsaplots import acf,pacf,plot_acf,plot_pacf
from statsmodels.tsa. arima_model import ARMA
```

图 5.180　调用包

②建模预测。因为还是用刚才的数据，做趋势图这一步就省略了，直接建模预测。

时间是 2016 年 1 月和 2024 年 3 月，在第一行输入开始时间和结束时间。

预测销量列，预测时间 12 个月，最后一行括号填写 12，其余的可以套用不

---

① cmd：是命令行提示符，在电脑系统开始菜单搜索 cmd 即可调用。

变。可以看到它在调节最优参数，如图 5.181 所示。

```
data.index = pd.to_datetime (sm.tsa.datetools.dates_from_range('2016m1','2024m3'))
import datetime
from pmdarima import auto_arima
stepwise_model = auto_arima(data['销量（万件）'], data.dropna(inplace=True),start_p=1,start_q=1,
                    max_p=3,max_q=3,m=12,
                    start_P=0,seasonal=True,
                    d=1,D=1,trace=True,
                    error_action='ignore',
                    suppress_warnings=True,
                    stepwise=True)
stepwise_model.aic()
y_hat = stepwise_model.predict (12)
Performing stepwise search to minimize aic
 ARIMA(1,1,1)(0,1,1)[12]             : AIC=inf, Time=0.93 sec
 ARIMA(0,1,0)(0,1,0)[12]             : AIC=525.726, Time=0.05 sec
 ARIMA(1,1,0)(1,1,0)[12]             : AIC=483.772, Time=0.27 sec
 ARIMA(0,1,1)(0,1,1)[12]             : AIC=491.953, Time=0.33 sec
 ARIMA(1,1,0)(0,1,0)[12]             : AIC=527.619, Time=0.06 sec
 ARIMA(1,1,0)(2,1,0)[12]             : AIC=484.844, Time=0.53 sec
 ARIMA(1,1,0)(1,1,1)[12]             : AIC=483.046, Time=0.37 sec
 ARIMA(1,1,0)(0,1,1)[12]             : AIC=491.372, Time=0.33 sec
 ARIMA(1,1,0)(2,1,1)[12]             : AIC=483.639, Time=1.14 sec
 ARIMA(1,1,0)(1,1,2)[12]             : AIC=480.985, Time=1.06 sec
 ARIMA(1,1,0)(0,1,2)[12]             : AIC=486.737, Time=0.57 sec
 ARIMA(1,1,0)(2,1,2)[12]             : AIC=482.984, Time=1.54 sec
 ARIMA(0,1,0)(1,1,2)[12]             : AIC=488.417, Time=0.89 sec
 ARIMA(2,1,0)(1,1,2)[12]             : AIC=480.428, Time=1.18 sec
 ARIMA(2,1,0)(0,1,2)[12]             : AIC=488.455, Time=0.79 sec
 ARIMA(2,1,0)(1,1,1)[12]             : AIC=482.357, Time=0.65 sec
 ARIMA(2,1,0)(2,1,2)[12]             : AIC=482.362, Time=2.78 sec
 ARIMA(2,1,0)(0,1,1)[12]             : AIC=492.891, Time=0.45 sec
 ARIMA(2,1,0)(2,1,1)[12]             : AIC=483.181, Time=1.51 sec
 ARIMA(3,1,0)(1,1,2)[12]             : AIC=481.158, Time=1.60 sec
 ARIMA(2,1,1)(1,1,2)[12]             : AIC=481.690, Time=1.97 sec
 ARIMA(1,1,1)(1,1,2)[12]             : AIC=inf, Time=3.01 sec
 ARIMA(3,1,1)(1,1,2)[12]             : AIC=482.155, Time=3.43 sec
 ARIMA(2,1,0)(1,1,2)[12] intercept   : AIC=482.106, Time=1.26 sec

Best model:  ARIMA(2,1,0)(1,1,2)[12]
Total fit time: 26.746 seconds
```

图 5.181 建模预测

模型内参数的含义如图 5.182 所示。

参数	含义	备注
start_p	参数p的下界	int，默认为2
d	非周期的差分阶数	int，默认None，如果是None，则自动选择，此时，运行时间会显著增加
start_q	参数q时的下界	int，默认为2
max_p	参数p的上界	int，默认为5，max_p>=start_p
max_q	参数q时的上界	int，默认5，max_q>=start_q
start_P	周期参数P的下界	int，默认1
D	周期差分的阶数	int，默认None，如果是None，则自动选择
m	周期数	int，默认1，例如年数据 m=1，季度数据m=4,月度数据m=12，周数据52；如果m=1，则seasonal会被设置为False
seasonal	是否进行周期性ARIMA拟合	bool，默认True，如果seasonal=True同时m=1，seasonal会被设置为False
stepwise	是否采用stepwise算法	bool，默认True，可以更快地找到最佳模型和防止过拟合，但存在不是最佳模型的风险，这样可以设置成False，模型搜寻范围扩大，耗时也会增加
suppress_warnings	是否过滤掉警告	bool，默认True
error_action	是否跟踪错误提示	str，默认'trace'，如果由于某种原因无法匹配ARIMA，则可以控制错误处理行为。(warn,raise,ignore,trace)
trace	是否跟踪拟合过程	bool，默认False

图 5.182 参数解析

③结果分析。结果如图 5.183 所示，符合历史趋势，数据结果如图 5.184 所示。

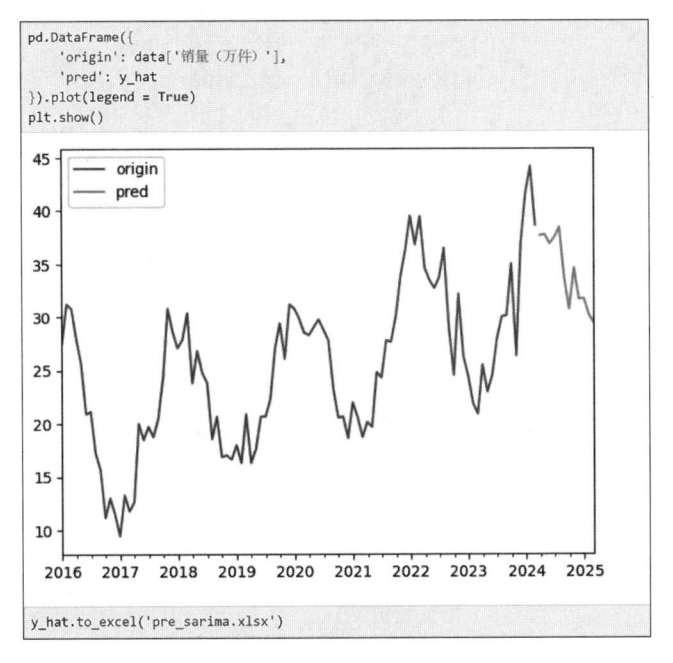

```
pd.DataFrame({
    'origin': data['销量（万件）'],
    'pred': y_hat
}).plot(legend = True)
plt.show()
```

```
y_hat.to_excel('pre_sarima.xlsx')
```

图 5.183　预测趋势

	A	B
1		0
2	2024-04-30 00:00:00	37.609 95
3	2024-05-31 00:00:00	37.679 04
4	2024-06-30 00:00:00	36.812 13
5	2024-07-31 00:00:00	37.418 22
6	2024-08-31 00:00:00	38.386 49
7	2024-09-30 00:00:00	33.615 96
8	2024-10-31 00:00:00	30.662 67
9	2024-11-30 00:00:00	34.557 35
10	2024-12-31 00:00:00	31.639 95
11	2025-01-31 00:00:00	31.694 76
12	2025-02-28 00:00:00	30.124 36
13	2025-03-31 00:00:00	29.331 67

图 5.184　预测结果

5.3.3　案例：跨境电商销量批量预测

【案例背景】现有 2 个 SKU，每个 SKU 都具有季节性，但旺季的时间不一样，需要根据历史两年的销量预测未来 6 个月的销量，如图 5.185、图 5.186 所示。

	A	B	C
1	时间	SKU1	SKU2
2	2023年1月	275 20	178 78
3	2023年2月	312 24	107 87
4	2023年3月	308 02	177 83
5	2023年4月	279 26	178 90
6	2023年5月	255 80	276 77
7	2023年6月	208 99	408 78
8	2023年7月	211 21	467 68
9	2023年8月	172 23	587 88
10	2023年9月	156 30	587 87
11	2023年10月	111 42	487 89
12	2023年11月	129 64	276 77
13	2023年12月	114 19	180 53
14	2024年1月	285 84	178 90
15	2024年2月	307 86	090 88
16	2024年3月	242 54	168 98
17	2024年4月	204 80	178 90
18	2024年5月	187 37	258 80
19	2024年6月	196 99	389 09
20	2024年7月	184 68	428 89
21	2024年8月	198 82	558 87
22	2024年9月	126 12	578 88
23	2024年10月	117 59	474 56
24	2024年11月	132 62	297 67
25	2024年12月	024 29	169 88

图 5.185 历史销量

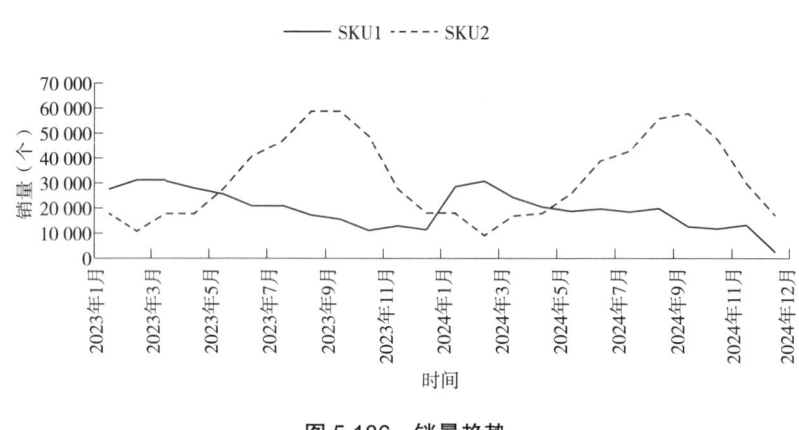

图 5.186 销量趋势

【数据分析】首先判断为季节性，可以用 SARIMA 预测，其次是多个 SKU，可以在模型上增加一个循环语句，生成自动化批量预测。

【计算过程】①数据处理。因为这里要做批量预测，代码会一列接着一列数据预测，第一列是时间，不需要预测，所以删除第一列时间再导入数据，如图 5.187 所示。

	A	B
1	SKU1	SKU2
2	275 20	178 78
3	312 24	107 87
4	308 02	177 83
5	279 26	178 90
6	255 80	276 77
7	208 99	408 78
8	211 21	467 68
9	172 23	587 88
10	156 30	587 87
11	111 42	487 89
12	129 64	276 77
13	114 19	180 53
14	285 84	178 90
15	307 86	090 88
16	242 54	168 98
17	204 80	178 90
18	187 37	258 80
19	196 99	389 09
20	184 68	428 89
21	198 82	558 87
22	126 12	578 88
23	117 59	474 56
24	132 62	297 67
25	024 29	169 88

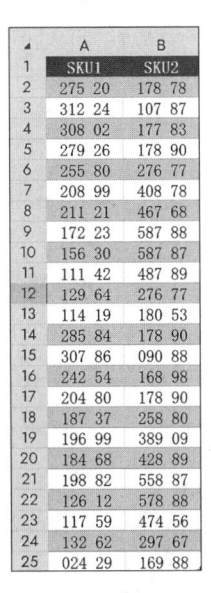

图 5.187　去掉时间

②建模预测。由于我们已经知道趋势是季节性了，这里就不需要再做趋势图了，可以直接将导入数据建模及结果都写在一起运行，代码如图 5.188 所示。

```python
import pandas as pd
import numpy as np
import matplotlib.pyplot as plt
import statsmodels.api as sm
from statsmodels.graphics.tsaplots import acf,pacf,plot_acf,plot_pacf
from statsmodels.tsa.arima_model import ARMA

data = pd.read_excel('SKU.xlsx',header = 0)
data.index = pd.to_datetime(sm.tsa.datetools.dates_from_range('2023m1','2024m12'))
import datetime

a=[]

for indexs in data.columns:
    from pmdarima import auto_arima
    stepwise_model = auto_arima(data[indexs],data.dropna(inplace=True), start_p=1, start_q=1,
                         max_p=3, max_q=3, m=12,
                         start_P=0, seasonal=True,
                         d=1, D=1, trace=True,
                         error_action='ignore',
                         suppress_warnings=True,
                         stepwise=True)
    print(stepwise_model.aic())
    try:
        y_hat = stepwise_model.predict(6)
    except:
        print("0")
    else:
        print(y_hat)
        b=pd.Series(y_hat)
        a.append(b)
df = pd.DataFrame(a)
df.to_excel("prc_SKU.xlsx")
```

图 5.188　建模预测

【得出结果】用时 1 秒，得出的数据结果如图 5.189 所示，图 5.190 后半截虚线为预测趋势，符合历史趋势。

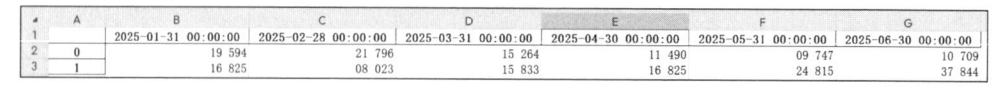

	A	B	C	D	E	F	G
1		2025-01-31 00:00:00	2025-02-28 00:00:00	2025-03-31 00:00:00	2025-04-30 00:00:00	2025-05-31 00:00:00	2025-06-30 00:00:00
2	0	19 594	21 796	15 264	11 490	09 747	10 709
3	1	16 825	08 023	15 833	16 825	24 815	37 844

图 5.189　预测结果

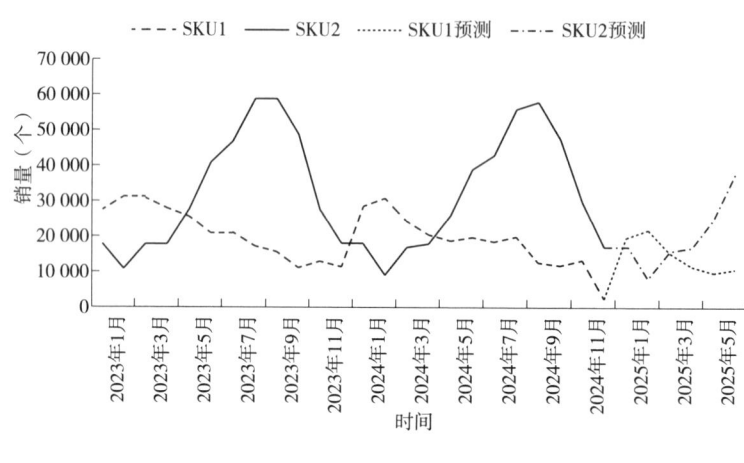

图 5.190　预测趋势

其实 Python 工具是最简单高效的，但是使用的人要有一定的 Python 基础。该工具一般适合数据分析师、算法工程师。不过据我了解，现在越来越多的计划员或者运营人员开始自学 Python 了，对于熟悉 Python 的业务人员，这种工具同样适用。

对于初学者写代码的时候要小心，但凡有一个字母或者符号写错就很容易报错，报错的时候先查看报错问题，再找到对应的代码行进行修改。

以上案例只用了两组数据，目的是让大家易于理解，上千组数据也是用同样的代码运行。

5.4　总结

以上的工具、方法、适合人群及适用的数量情况，如图 5.191 所示。

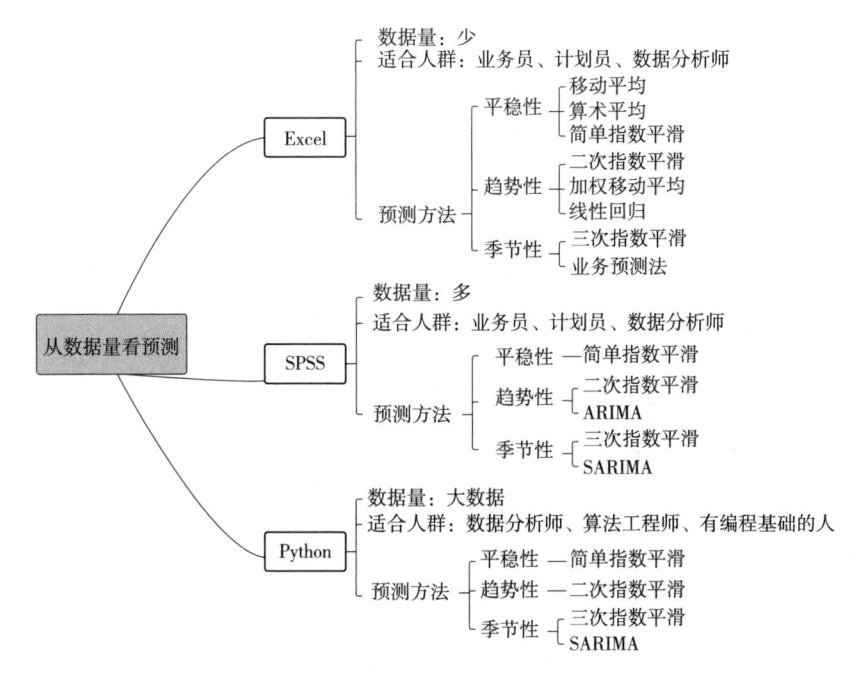

```
                          ┌ 数据量：少
                          │ 适合人群：业务员、计划员、数据分析师
                          │              ┌ 移动平均
                          │        ┌ 平稳性 ─┤ 算术平均
                  ┌ Excel ─┤              └ 简单指数平滑
                  │       │              ┌ 二次指数平滑
                  │       └ 预测方法 ─┤ 趋势性 ─┤ 加权移动平均
                  │                    │        └ 线性回归
                  │                    └ 季节性 ─┬ 三次指数平滑
                  │                              └ 业务预测法
                  │       ┌ 数据量：多
                  │       │ 适合人群：业务员、计划员、数据分析师
                  │       │              ┌ 平稳性 ── 简单指数平滑
  从数据量 ─────┤ SPSS ──┤              │        ┌ 二次指数平滑
  看预测           │       └ 预测方法 ─┤ 趋势性 ─┤ ARIMA
                  │                    │        
                  │                    └ 季节性 ─┬ 三次指数平滑
                  │                              └ SARIMA
                  │       ┌ 数据量：大数据
                  │       │ 适合人群：数据分析师、算法工程师、有编程基础的人
                  └ Python ┤              ┌ 平稳性 ── 简单指数平滑
                          └ 预测方法 ─┤ 趋势性 ── 二次指数平滑
                                        └ 季节性 ─┬ 三次指数平滑
                                                  └ SARIMA
```

图 5.191　从销量看预测总结

　　除了以上所说的三种预测工具外，还有其他预测工具。比如市面上的 BI 工具，这些工具更多的是运用指数平滑的原理做简单的预测，其灵活性不高，不能调节参数。还有一个预测工具是 R 语言，但学习 R 语言比 Python 要复杂，需要有编程语言基础和数学背景，R 语言在学术研究和调查工作中使用得比较多，使用人群广泛，有统计、金融、经济、核电、环境、医疗、物流管理乃至人文学科。这里不再展开讲解，有兴趣的读者可以翻阅相关资料学习。

后　　记

预测的初心

我认为预测的初心是实事求是，不能因为一己私利而篡改数据。

在电商行业里，预测未来销量是为了合理安排计划备货、采购，以便更好地推动供应链的运行，所以预测一般会根据历史的趋势，以及后续业务做活动等实际情况进行。

而在互联网行业中，预测未来销售额是为了预估我们目前的状况如何，比如预测今年的销售额与今年年度目标，主要是想要了解按照目前的情况与目标值还相差多少，如果超过了则继续保持，如果未能达到公司目标，则要从运营、流量、广告等方面入手调整运营策略，提高整体营收，千万不要为了"数据好看"而将预测值调大，给公司领导一种"画饼"的感觉，虽然这样可能暂时增加公司员工们的士气，但是这种自我感觉良好的假象会影响公司判断，若没有及时发现问题，调整运营策略，最终有可能导致无法实现目标。

这是我写的第二本书，是按照自己的思路独立完成的，历经半年之久，这期间同时处理着多项工作。整个写作过程既漫长又十分痛苦，但同时也让我获益良多，既提高了自己的创意思维，同时又锻炼了逻辑能力和意志力。

不可避免地，写作过程中也会遇到一些困难，例如思路不清晰、需要查找相关理论知识等。碰到这样的情况，我会积极寻找相关的理论知识，并将其转化为简单易懂的文字，让读者更易于理解。本书面向广大读者，无论是数据分析师还是业务人员都能够通过这本书更好地掌握预测技能。这也是我写这本书的初心：将自己所能掌握的技能分享给更多需要的人。

尽管写作过程十分枯燥，占用了我不少娱乐时间，但写完书后的成就感却令我十分欣慰。同时，完成了自己的计划也是一种难以言喻的心情。我希望读者们可以培养记笔记的习惯，或将自己重要的灵感和想法记录下来。长此以往，这些内容将成为自身素养、理论观点和知识储备的宝贵财富。

感恩的心

最后，我要感谢一路上给予帮助的众多贵人。感谢李小勇，我以前的部门主管，引领我进入公司解决预测问题，并为我提供了很多思路；感谢张杨飞，是我的好朋友，也是《Python 量化交易》的作者，在我研究模型时提供了一些非常宝贵的思路；感谢磊叔，一名资深行业前辈，也是《运营之路》的作者，为我提供了写作的机会；谢谢中国铁道出版社有限公司的编辑们，他们不仅协助我纠正编写过程中的瑕疵，也让本书更加精美。最后，我要感谢自己的努力与执行力，没有坚持不懈的决心，就不会有这本书的问世。

为了方便大家更好地回顾本书内容，我将以思维导图的形式总结出书中涉及的知识点，如图 6.1 所示。

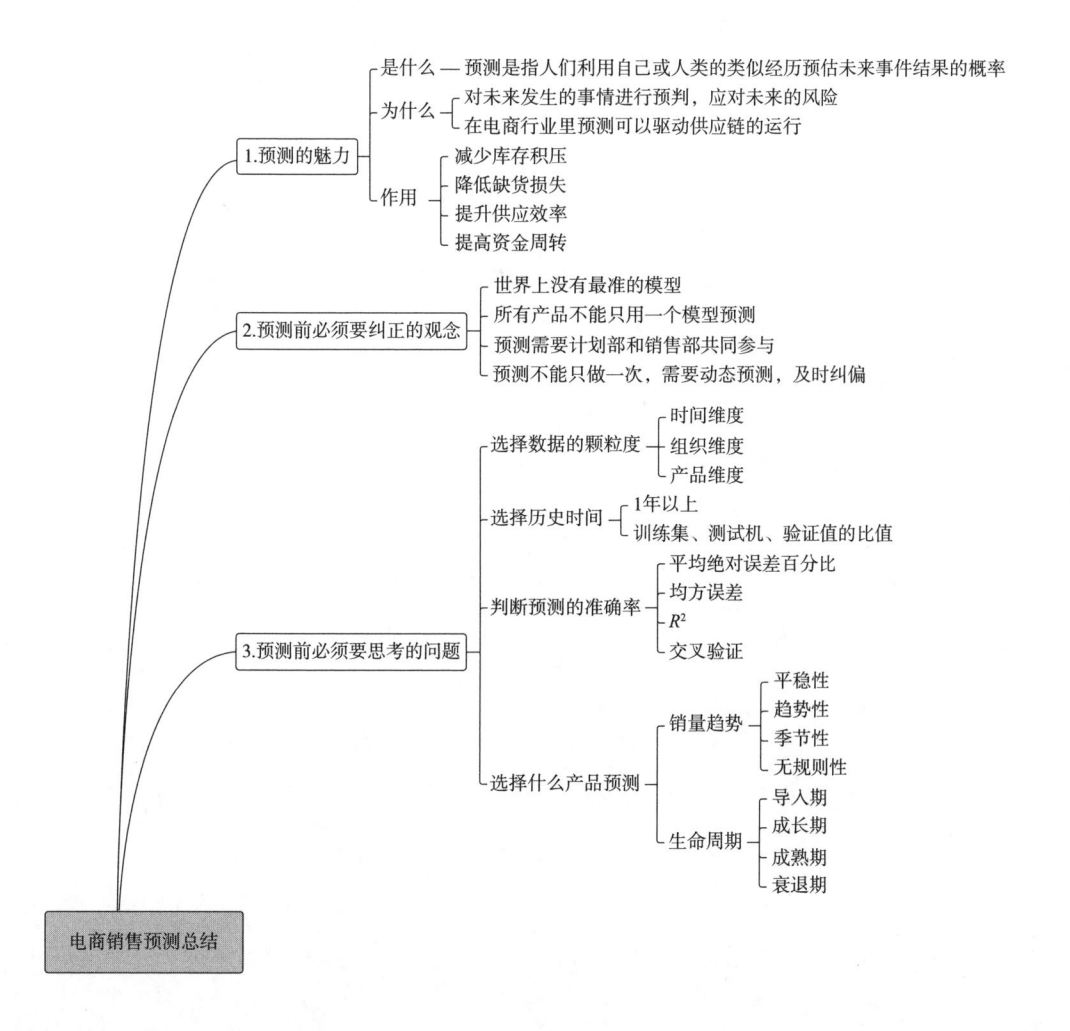

电商销售预测总结

1. 预测的魅力
   - 是什么 —— 预测是指人们利用自己或人类的类似经历预估未来事件结果的概率
   - 为什么
     - 对未来发生的事情进行预判，应对未来的风险
     - 在电商行业里预测可以驱动供应链的运行
   - 作用
     - 减少库存积压
     - 降低缺货损失
     - 提升供应效率
     - 提高资金周转

2. 预测前必须要纠正的观念
   - 世界上没有最准的模型
   - 所有产品不能只用一个模型预测
   - 预测需要计划部和销售部共同参与
   - 预测不能只做一次，需要动态预测，及时纠偏

3. 预测前必须要思考的问题
   - 选择数据的颗粒度
     - 时间维度
     - 组织维度
     - 产品维度
   - 选择历史时间
     - 1年以上
     - 训练集、测试机、验证值的比值
   - 判断预测的准确率
     - 平均绝对误差百分比
     - 均方误差
     - R^2
     - 交叉验证
   - 选择什么产品预测
     - 销量趋势
       - 平稳性
       - 趋势性
       - 季节性
       - 无规则性
     - 生命周期
       - 导入期
       - 成长期
       - 成熟期
       - 衰退期

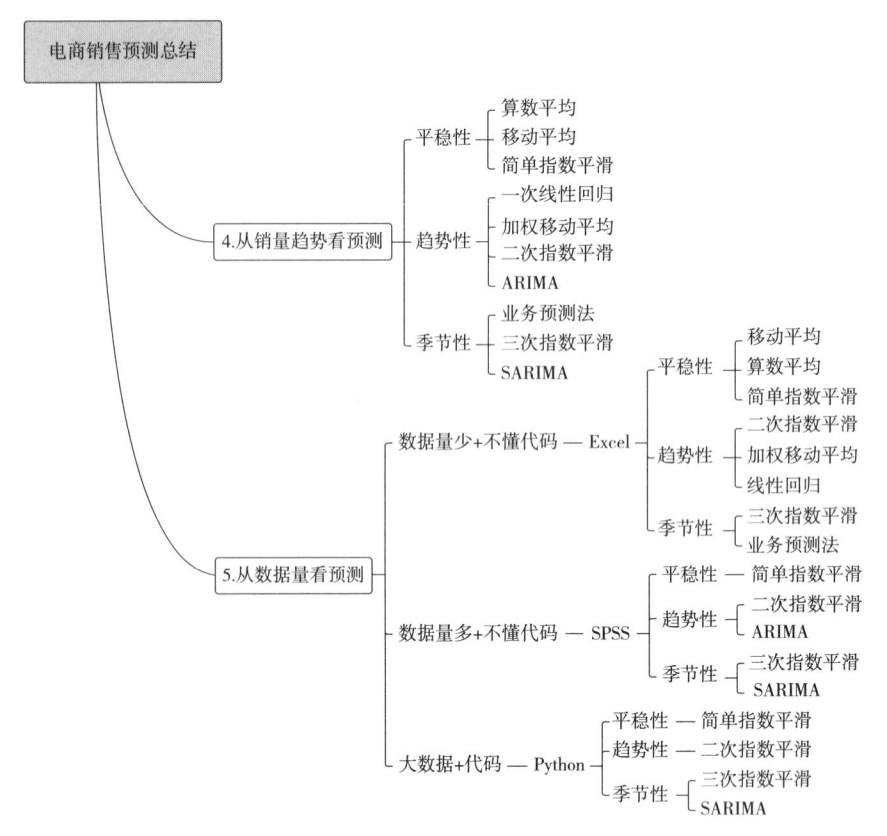

```
电商销售预测总结
├── 4. 从销量趋势看预测
│   ├── 平稳性
│   │   ├── 算数平均
│   │   ├── 移动平均
│   │   └── 简单指数平滑
│   ├── 趋势性
│   │   ├── 一次线性回归
│   │   ├── 加权移动平均
│   │   ├── 二次指数平滑
│   │   └── ARIMA
│   └── 季节性
│       ├── 业务预测法
│       ├── 三次指数平滑
│       └── SARIMA
└── 5. 从数据量看预测
    ├── 数据量少+不懂代码 — Excel
    │   ├── 平稳性
    │   │   ├── 移动平均
    │   │   ├── 算数平均
    │   │   └── 简单指数平滑
    │   ├── 趋势性
    │   │   ├── 二次指数平滑
    │   │   ├── 加权移动平均
    │   │   └── 线性回归
    │   └── 季节性
    │       ├── 三次指数平滑
    │       └── 业务预测法
    ├── 数据量多+不懂代码 — SPSS
    │   ├── 平稳性 — 简单指数平滑
    │   ├── 趋势性
    │   │   ├── 二次指数平滑
    │   │   └── ARIMA
    │   └── 季节性
    │       ├── 三次指数平滑
    │       └── SARIMA
    └── 大数据+代码 — Python
        ├── 平稳性 — 简单指数平滑
        ├── 趋势性 — 二次指数平滑
        └── 季节性
            ├── 三次指数平滑
            └── SARIMA
```

图 6.1　电商销售预测总结